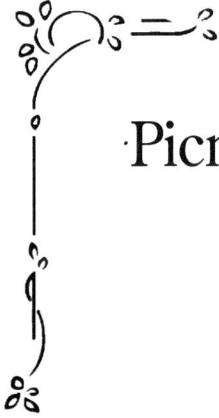

Picnics del Impresionismo

Éduard Manet, Almuerzo sobre la hierba, *1863. Museo de Orsay, París.*

Recetas para hoy

Picnics del Impresionismo

por
Gillian Riley

Editorial Voluntad
Interés General

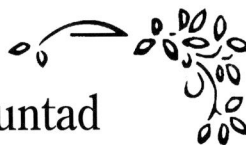

Un libro VOLUNTAD Interés General
Picnics del Impresionismo

Título original: *Impressionist Picnics*
Copyright © en este formato: New England Editions Limited,
   1993
Copyright © de los textos: Gillian Riley, 1993
Edición / Dirección de arte: Treld Pelkey Bicknell
Diseño del libro: Gillian Riley
Diseño de sobrecubierta y portada: Glynn Pickerill

Para la edición en castellano:
Dirección editorial: Emöke Ijjász S.
Edición: Nohra Angélica Barrero Z.
          María Cristina Rincón R.
Coordinadora de Producción: Libia Gaviria S.
Diagramación: Martha Ramírez Jáuregui
Traducción: Ilona Murcia
Revisión de estilo: Dora Bueno de Parra
© Editorial Voluntad S.A., 1995

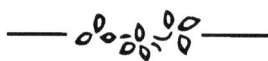

ISBN: 958-02-0880-8
Serie: 958-02-0878-6

Editorial Voluntad S.A.
Carrera 7 No. 24 - 89 Piso 24
Fax: (571) 2865540
Santafé de Bogotá, D. C.- Colombia
Impreso por Carvajal S.A. - Imprelibros
Impreso en Colombia - *Printed in Colombia*

Contenido

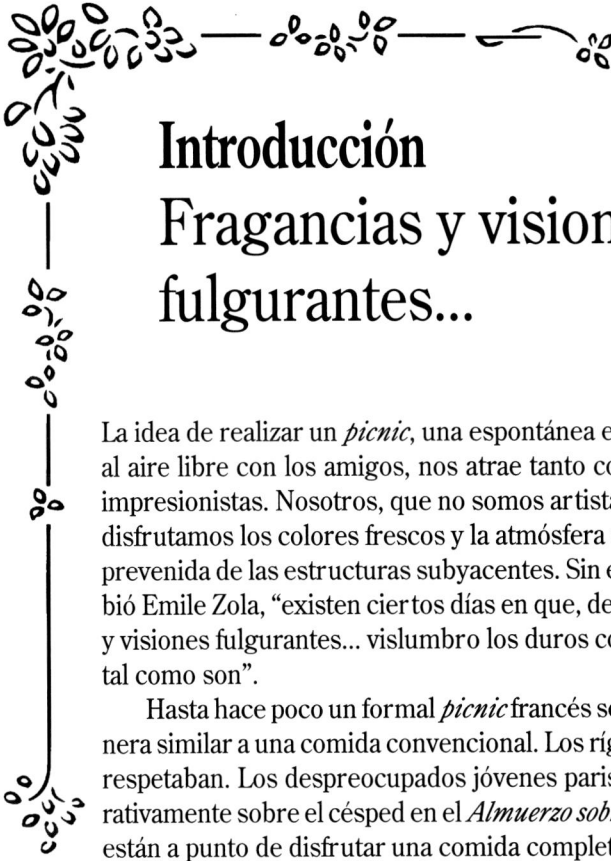

Introducción
Fragancias y visiones fulgurantes...

La idea de realizar un *picnic*, una espontánea e improvisada comida al aire libre con los amigos, nos atrae tanto como la pintura de los impresionistas. Nosotros, que no somos artistas, ni críticos ni *chefs*, disfrutamos los colores frescos y la atmósfera cuidadosamente desprevenida de las estructuras subyacentes. Sin embargo, como escribió Emile Zola, "existen ciertos días en que, detrás de las fragancias y visiones fulgurantes... vislumbro los duros contornos de las cosas tal como son".

Hasta hace poco un formal *picnic* francés se estructuraba de manera similar a una comida convencional. Los rígidos lineamientos se respetaban. Los despreocupados jóvenes parisinos dispersos decorativamente sobre el césped en el *Almuerzo sobre la hierba* de Monet, están a punto de disfrutar una comida completa, preparada por uno de los astutos *traiteurs* (hosteleros) que dispone de todo lo que quizá deseaban los paseantes cuando descendían del tren en alguna estación de la entonces nueva ruta desde la Gare St. Lazare. El completo servicio de mesa, así como los alimentos y el vino apropiados, fueron llevados al lugar del encuentro por serviciales criados, uno de los cuales puede verse en cuclillas, atento, detrás de un árbol, a la derecha del cuadro.

Y lo mismo sucedió con las pinturas. Hoy las disfrutamos por sus "impresiones" de los placeres cotidianos, por las atmósferas capturadas en rápidas pinceladas y por el encanto de su época —los vestidos de seda a rayas en los jardines de Luxemburgo, así como los cafés repletos en los bulevares del Nuevo París de Haussmann—. Pero la disciplina de la composición formal y el hábil profesionalismo de la pintura están ahí, como una garantía, igual que las sólidas tradiciones de la cocina francesa, responsables de todo lo bueno que obtenemos en las *charcuteries* (tiendas de embutidos) y mercados, cuando planeamos un paseo al aire libre.

Este *picnic* ideal se celebra en tantas pinturas fuera de los estrictos cánones impresionistas que me siento obligada a incluir obras de las personas menos esperadas en esta antología. De Toulouse-Lautrec a De Segonzac, con las contribuciones legítimas de Vuillard y Bonnard, y las recetas de escritores tan lejanos como la "tía Marie" y Alice B. Toklas.

El grupo de pintores que conocemos en la actualidad como *impresionistas* incluye a Claude Monet, Auguste Renoir, Camille Pissarro, Alfred Sisley, Frédéric Bazille, Berthe Morisot y a sus amigos y colegas más cercanos como Édouard Manet, Edgar Degas y Mary Cassatt, vinculados con pintores tan diferentes como Whistler y Cézanne, Bonnard, Vuillard y Orpen.

Clasificar un grupo de personas tan amorfo con una etiqueta apropiada a su estilo artístico y sus preferencias culinarias es, desde luego, absurdo. Sus estilos fueron tan diferentes que tal vez lo que tuvieron en común fue su afición por los exteriores, con su claridad, luz, libertad y sensaciones inmediatas.

Toulouse-Lautrec, por ejemplo, nunca se hubiera considerado impresionista. Estaba cansado del paisaje. "La figura es todo, el paisaje no debería ser sino un accesorio...". Pero su deleite por la vida, en particular por los placeres de la bebida y comida, lo encerraron en una agitada vida social donde se mezclaban comerciantes, escritores y músicos. Thadée y Misia Natanson entretuvieron a Bonnard, Vuillard y Toulouse-Lautrec por largos fines de semana con desayunos sosegados y almuerzos informales en la terraza de sus casas campestres, con frecuencia fotografiados o dibujados por sus agradecidos huéspedes.

El célebre *Almuerzo sobre la hierba* de Manet es el cuadro sobre *picnics* que identificó a los impresionistas. Lo que chocó a críticos y público en general no fue tanto la visión de la mujer desnuda y sus equívocas relaciones con los jóvenes tendidos sobre sus ropas descuidadamente abandonadas sobre la hierba, como el haberlos ubicado en el exterior y el sentimiento de ostentosa casualidad que se desprende de la pintura. Los alimentos no son importantes. Mucho después, Henri le Sidaner pintó un misterioso *picnic* sin personas; Cézanne realizó un ejercicio sobre este tema clásico; la hija de Pissarro hizo un boceto de madame Cézanne preparando una fritura para un grupo de impresionistas, y Morisot pintó a su hija y esposo disfrutando una elegante cena sobre el prado.

La gastronomía cambió, pero el espíritu del *picnic,* una ligera predisposición hacia la comida y la bebida, permanece como inspiración cuando nuestras reflexiones sobre la cocina se vuelven pretensiosas o pomposas.

En Francia, los placeres de comer afuera sólo son superados por las delicias de preparar los alimentos en casa. La profusión de buenos alimentos es una tentación para cualquier hedonista o cocinero compulsivo. El *picnic* bajo techo o al aire libre es una forma de posesionarnos de este brillante cuerno de la abundancia con frutas, quesos, panes, *pâtes, quiches*, pasteles y vinos. Pero la libertad de una cocina amigable permite aún más porque un pollo sin grasa, un puñado de acedera o de setas amarillas, el buen consejo de la mujer del mercado o del dependiente, así como el cocinero curioso, innovador o tradicional, con su espíritu relajado y festivo, sin pruebas ni errores, pueden enseñarnos algo sobre las ricas tradiciones gastronómicas, celebradas de manera tan evocadora por los artistas que figuran en este libro.

Las recetas que acompañan a las pinturas son una selección personal de platos. He disfrutado preparándolos en varias hospitalarias cocinas de Francia. Los autores mencionados en la bibliografía explicaron las tradiciones de la cocina clásica francesa con mayor lucidez, pero confío en que mi entusiasmo animará a otros a recrear algunas sensaciones, inspiradas por la aproximación impresionista a los alimentos y su consumo.

GILLIAN RILEY, 1993

Claude Monet Almuerzo sobre la hierba *(detalle) 1865-1866.*
Museo de Orsay, París.

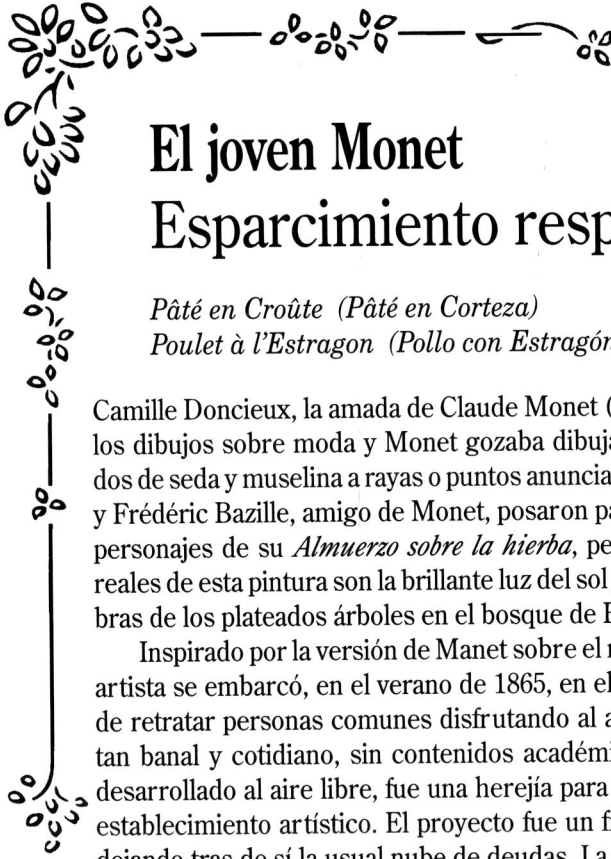

El joven Monet
Esparcimiento respetable

Pâté en Croûte (Pâté en Corteza)
Poulet à l'Estragon (Pollo con Estragón)

Camille Doncieux, la amada de Claude Monet (1840-1926), adoraba los dibujos sobre moda y Monet gozaba dibujándola con los vestidos de seda y muselina a rayas o puntos anunciados en ellos. Camille y Frédéric Bazille, amigo de Monet, posaron para la mayoría de los personajes de su *Almuerzo sobre la hierba*, pero los protagonistas reales de esta pintura son la brillante luz del sol y las profundas sombras de los plateados árboles en el bosque de Fontainebleau.

Inspirado por la versión de Manet sobre el mismo tema, el joven artista se embarcó, en el verano de 1865, en el ambicioso proyecto de retratar personas comunes disfrutando al aire libre. Un suceso tan banal y cotidiano, sin contenidos académicos o mitológicos y desarrollado al aire libre, fue una herejía para los críticos y para el establecimiento artístico. El proyecto fue un fracaso. Monet huyó, dejando tras de sí la usual nube de deudas. La pintura inconclusa y deteriorada permaneció enrollada en una esquina del estudio de Bazille.

Años más tarde Monet salvó la parte central de la pintura y la colgó en su estudio de Giverny, como un recuerdo de aquellos días felices, antes de que el movimiento —del cual llegó a ser el miembro más ilustre—, hubiera siquiera adquirido un nombre, y antes de que los ambiciosos y jóvenes pintores que se reunían en el café Guerbois pudieran colgar sus pinturas en algún salón respetable.

No todos los jóvenes de clase media que salieron de París hacia el hasta entonces pacífico campo, eran pintores y bohemios. El restaurante y balneario La Grenouillère estaba en un calmado remanso del Sena, cerca de Bougival. Allí los grupos diarios de excursionistas podían realizar un corto viaje en bote a través del paisaje pintoresco y caminar por el peligroso sendero de la pequeña isla, afectuosamente conocida como Camembert. Un efímero momento captu rado por Monet y Renoir antes de que el restaurante fuera destruido por el fuego en 1869.

Los alimentos disfrutados en esas expediciones fueron, tal vez, los usuales en las casas y restaurantes de clase media. El picnic de Monet incluía un *pâté en croûte* (Pâté en Corteza), pollo frío, fruta, vino y cantidades de platos y cubiertos, nada parecido a los imaginativos emparedados creados por Alice B. Toklas para sus intrépidos paseos con Gertrude Stein en su Ford convertible de dos puestos, setenta años más tarde (véase la página 87).

Claude Monet, Baño en la Grenouillère, *1869. Galería Nacional, Londres.*

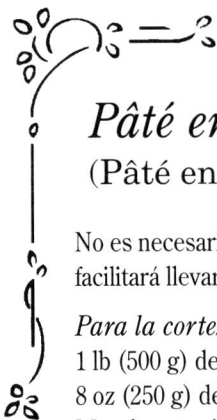

Pâté en Crôute
(Pâté en Corteza)

No es necesario preparar el *pâté* dentro de una corteza, pero hacerlo facilitará llevarlo a una excursión.

Para la corteza:

1 lb (500 g) de harina de trigo

8 oz (250 g) de manteca de cerdo (pág. 90)

Mezcle estos ingredientes con 1 cucharadita de sal y humedezca con suficiente agua hasta obtener una pasta firme. Enrolle.

Relleno:

1 lb (500 g) de lomo magro de cerdo

½ lb (250 g) de tocino

½ lb (250 g) de *pancetta* o tocineta curada seca, sin ahumar (pág. 92)

1 cebolla mediana, picada

2 oz (60 g) de mantequilla

1 cda. de harina de trigo (pág. 91)

1 vaso de vino seco, tinto o blanco

2 cditas. de especias recién molidas, incluyendo todas o algunas de
   las siguientes, a su elección: canela, nuez moscada, clavos de olor,
   granos de pimienta negra y bayas de enebro

½ cdita. de tomillo

4 dientes de ajo, pelados y picados

Sal al gusto

Con un cuchillo muy afilado, corte la carne, el tocino y la tocineta en tajadas muy finas. Esto toma tiempo, pero es mejor que utilizar un procesador. Marine durante la noche en el vino, con sal y 1 cucharadita de especias.

Al día siguiente saltee la cebolla en la mantequilla hasta que esté tierna, revuelva con la harina y cocine por unos minutos. Humedezca con más vino hasta obtener una mezcla espesa. Revuelva con la carne marinada, agregando las especias.

Forre una terrina o lata con la corteza, reservando un poco para la tapa. Rellene con la mezcla, cubra con la masa restante, humedeciendo los bordes para sellar. Decore con un diseño creativo (hojas o bastoncillos entrelazados de masa). Haga un hueco para que salga el aire.

Hornee a temperatura moderada por aproximadamente 1½ horas. Si se dora demasiado, cubra con papel aluminio. Enfríe durante ½ hora antes de desmoldar.

Poulet à l'Estragon
(Pollo con Estragón)

1 pollo de 2½ - 3 lb (1,25 - 1,5 kg)
1 manojo de estragón
Dientes de ajo pelados, al gusto
1 vaso de vino blanco seco y agua adicional
Sal y pimienta

Rellene el pollo con la mitad del estragón, colocando el resto entre los perniles y la pechuga. Agregue ajo al gusto y salpimente. Vierta el vino en un recipiente para hornear y coloque el pollo. Hornee cubierto, a temperatura moderada por 1 a 1½ horas, o cocine sobre estufa, añadiendo más vino o agua si fuera necesario. No sobrecocine.

Cuando esté listo (los perniles deben moverse fácilmente), deje enfriar en los jugos de cocción.

Para un *picnic* formal, complemente con un abundante acompañamiento y trinche en el sitio. O corte el ave de antemano y distribuya las porciones en platos desechables envueltos con plástico, para pasarlos rápidamente a los comensales. Si lo deprime la semejanza con la comida de las aerolíneas, permanezca en casa y cómalo sentado confortablemente a la mesa.

Édouard Vuillard, Almuerzo en Villeneuve-sur-Yonne, aprox. 1902 y 1934. Las comidas al aire libre son un tema constante en las pinturas impresionistas y posimpresionistas. Esta obra registra un almuerzo en la terraza de una casa de campo en Vasouy, Normandía. Vuillard trabajó de nuevo el cuadro muchos años después, una experiencia nostálgica, añadiendo y suprimiendo viejos y nuevos amigos, con un galante y joven Bonnard a la izquierda. Galería Nacional, Londres.

Pierre-Auguste Renoir, El almuerzo de los navegantes, *1800-1881.*
Collección Phillips, Washington.

Auguste Renoir
Un día en el río

Coq au Vin (Pollo al Vino)
Soufflé de Courgettes (Soufflé de Calabacín)

"Llevaban a París consigo, donde quiera que fueran". Esta posada al lado del río, el Restaurante Fournaise en Chatou, era el lugar preferido por los jóvenes y elegantes parisinos que disfrutaban los fines de semana veraniegos en el río, escapando del bullicio de París y creando, a su manera, el típico ambiente de vacaciones. Auguste Renoir (1841-1919) atrapó la atmósfera de un final de verano en la década de 1880 en dos de sus pinturas de remeros aficionados descansando después del almuerzo. Contrastó los voluminosos bíceps del hijo del propietario, Alphonse Fournaise, un marinero de verdad, recostado contra el balcón de la izquierda, con los de sus impacientes y jóvenes clientes, todos marineros de fin de semana. Aline Charigot, con quien Renoir contrajo matrimonio posteriormente, lleva un bello sombrero basado en los tradicionales de los remeros.

La comida era la de los nuevos restaurantes parisinos de moda, muy diferente de la cocina tradicional en las posadas del campo como la de Auberge de la Madre Antonia en Marlotte, cerca de Fontainebleau, donde en la década de 1860 Renoir pintó a un grupo de jóvenes artistas en un paisaje rústico y poco sofisticado. Ya se empezaba a oír en el país un lamento familiar por estos pequeños lugares vírgenes, ahora arruinados por los viajeros, donde la comida simple y el vaso de vino del patrón se estaban remplazando por sofisticados menús y decoraciones.

Auguste Renoir, sin embargo, parecía bastante feliz cuando incluía la elegancia atmósfera parisina en su celebración de la vida cotidiana. Pintaba por placer, no esperaba que sus exuberantes modelos tuvieran sesos y realmente no estaba interesado en sentarse toda la noche a teorizar sobre estilos y terminar tan cansado que esto le impidiera trabajar temprano en la mañana siguiente. De regreso a la ciudad, luego de un viaje al campo, debió sentarse a trabajar, recordando la belleza de la vida en los bulevares con sus claros y brillantes colores y su técnica habilidosa.

17

Coq au Vin
(Pollo al Vino)

1 pollo grande despresado
1 lb (500 g) de cebollas encurtidas
½ lb (250 g) de champiñones frescos
½ oz (15 g) de champiñones deshidratados
½ lb (250 g) de *pancetta* o tocineta curada seca, sin ahumar, cortada
    en cubos (pág. 92)
Ajo al gusto, 1 diente triturado para el caldo y 4 ó 5 pelados y picados,
    para el pollo
Hojas de laurel, tomillo, sal y pimienta, al gusto
Harina de arroz o de papa (opcional) (pág. 91)
Mantequilla

Un buen Pollo al Vino es mejor que la suma de sus partes. Todo lo
que necesita son ingredientes de primera calidad y una clara com-
prensión del proceso. El truco es reducir una botella de buen vino
tinto a una salsa espesa, oscura y deliciosa, sin sobrecocinar el pollo
en ella. Mi solución es despresar el pollo y preparar un caldo con la
carcasa, una taza de agua, media botella de vino y condimentos.
Mantenga en ebullición a fuego bajo, sin tapar durante parte del
tiempo, hasta obtener dos tazas de líquido con buen sabor,

    En un recipiente pando pesado, coloque las presas de pollo con el
vino restante, caldo, hojas de laurel, tomillo, pimienta, ajo y tocino.
Cocine tapado por 30 minutos. Destape y mantenga en ebullición a
fuego bajo por otros 30 minutos.

    Mientras tanto, cocine los champiñones frescos, cortados en
trozos del tamaño de una nuez, en un poco de mantequilla con un
diente de ajo picado hasta que suelten sus jugos. Reduzca el calor
hasta que los jugos se concentren. Reserve.

    Pele las cebollas dentro de un recipiente con agua tibia (para
evitar el lagrimeo). Cocínelas en una sartén pesada con un poco de
mantequilla y media taza de agua, hasta que ésta se haya evaporado
y las cebollas comiencen a tomar color.

    Mezcle los champiñones y las cebollas con el pollo; cocínelos por
otros 20 minutos, revolviendo de vez en cuando y cuidando que la

salsa no esté muy líquida. Rectifique la sazón porque la tocineta puede agregar algo de sal a la preparación.

Mezcle un poco de harina de papa con agua y añádala al recipiente 10 minutos antes de servir; revuelva con un poco de pimienta negra recién molida y un trozo de mantequilla sin sal.

Sirva con arroz cocido y una ensalada verde. En invierno puede acompañarse con polenta (pág. 91) y cualquier invitado friolento puede colaborar revolviendo la olla de polenta durante 40 minutos.

Pierre-Auguste Renoir, La posada de la Madre Antonia, *1866. Sisley (con sombrero de paja) y sus amigos al finalizar un almuerzo sencillo en Marlotte, en el bosque de Fontainebleau. Museo Nacional, Estocolmo.*

Pierre-Auguste Renoir, El almuerzo de los canoístas, *aprox. 1879.*
Instituto de Arte de Chicago.

Soufflé de Courgette
(Soufflé de Calabacín)

Cualquiera que diga que un hojaldre etéreo y un *soufflé* ligero como pluma son fáciles de hacer, omite mencionar que nació con manos frías y cabeza serena. Si, como yo, nació bajo la estrella de los panaderos, tiene manos calientes, mal temperamento y una capacidad casi genial para producir pastas pesadas como plomo y sólidos *soufflés*. La mejor solución para lograr un *soufflé* con estas características es cubrirlo con queso Parmesano y salsa de tomate casera y denominarlo *sformata* (pág. 92).

Para 4 porciones como entrada

1 lb (500 g) de calabacín (*zucchini*) rallado con un rallador para queso

4 huevos

2 oz (60 g) de queso *Gruyére* rallado

1 oz (30 g) de queso Parmesano rallado

1 cda. de harina de trigo (pág. 91)

1 oz (30 g) de mantequilla

1 taza de leche

Jugo de los calabacines

Sal, pimienta y nuez moscada, al gusto

Una hora antes de preparar el *souffé*, ralle los calabacines, espolvoree con sal y escurra en un colador recuperando los jugos en una vasija. Exprima para extraer todo el jugo posible. Cocínelos por unos minutos sin añadir agua, en un recipiente pesado, hasta que estén tiernos.

Separe las yemas y claras de los huevos, reservando 2 yemas para otra receta, como el postre sugerido en la página 54.

Derrita la mantequilla y cocine la harina, añadiendo suficiente jugo de calabacín y leche al gusto para preparar una salsa muy espesa; deje enfriar por 10 minutos.

En una licuadora o procesador de alimentos mezcle los calabacines con 2 yemas, la salsa, el queso *Gruyère*, sal, pimienta y nuez moscada recién rallada.

Bata las claras hasta que estén firmes. Agregue rápidamente la mezcla de calabacín con movimientos envolventes, y espolvoree al mismo tiempo con Parmesano. Vierta en un molde para *soufflé* o recipiente para hornear y coloque éste dentro de otro recipiente con agua para evitar que los lados se quemen. Cocine en horno caliente por 20 a 30 minutos.

Édouard Manet, Café concierto, 1878. Las camareras, jóvenes de la clase trabajadora y un viejo flâneur disfrutan un jarro de cerveza y el ambiente que se respiraba en las cervecerías y cafés callejeros. Galería de Arte Walters, Baltimore.

Édouard Manet
El hombre y la ciudad

Pruneaux au Brandy (Ciruelas en Brandy)
Filet de Porc aux Pruneaux (Lomo de Cerdo con Ciruelas)
Saumon à l'Oseille (Salmón con Salsa de Acedera)
Lapin Argenteuil (Conejo Argenteuil)

"¡Querida, pensé que ella eras tú!" le dijo Édouard Manet (1832-1883) a su afectuosa y rolliza esposa Suzanne, quien lo había sorprendido mirando a una muchacha con silueta de sílfide en la calle. Ingenioso, encantador y elegante, Manet era el arquetipo del *flâneur* (pág. 90), para quien la vida de los cafés y bulevares parecía haber sido especialmente inventada.

Fue un deliberado acto político del emperador Luis Napoleón hacer de París un sitio agradable para vivir. El placer, las diversiones y la frivolidad distraían los corazones y las mentes de los potenciales revolucionarios de la ambiciosa clase media, que se trasladaban a la capital para vivir y trabajar. Los amplios y rectos bulevares, dibujados a través de la jungla de callejuelas estrechas del viejo París, proporcionaban aire fresco, luz y accesibles avenidas para movilizar las tropas, siempre listas para aplastar revueltas o cualquier signo de actividad política.

Manet, con su inteligencia aguda, vio a través de la corrupción del Segundo Imperio. Algunas de sus pinturas fueron comentarios, alusiones veladas contra el régimen que despreciaba. Pero, en gran medida, la suya fue una irónica y detallada visión de un mundo cuyos placeres disfrutaba al máximo.

Las mujeres de la clase social de Manet, viudas e hijas de los ricos aristócratas o funcionarios, tenían menos libertad que las costureras, floristas, camareras y vendedoras que disfrutaban del ocio en los café concierto y espectáculos musicales, parques y jardines que aumentaban cada año. En 1848 París tenía menos de 50 acres de jardines y espacios públicos abiertos, pero en 1870 más de 4.500 acres de espacios verdes se crearon dentro de la ciudad.

Édouard Manet, La ciruela, *1878. Galería Nacional de Arte,
Washington.*

Los sorprendentes retratos que hizo Manet de la pintora Berthe Morisot fueron realizados bajo la estricta vigilancia de la chaperona, en su estudio. Ella nunca habría soñado con una noche de baile, o en el *Moulin de la Galette*. Las muchachas que lo hacían con frecuencia ocupaban un lugar dudoso dentro de la sociedad.

Pero la joven solitaria, pulcramente vestida de rosa y sentada en un bar público, no fue considerada buena o mala por Manet. Su aire de pensativa resignación es el de alguien a quien se le dio una ciruela endulzada en brandy y ninguna cuchara para comerla; un cigarrillo apagado y ningún fósforo. Sus pinturas no cuentan historias, no emiten juicios; debemos hacer con ellas lo que queramos.

Un *flâneur*, como el escritor George Moore, vivió el mejor de todos los mundos posibles, disfrutando sus días como espectador de la ocupada escena social, en los nuevos restaurantes y cafés frecuentados por buscadores de placer, con tiempo y dinero para gastar. Un nuevo tipo de gastronomía se desarrolló para satisfacer este encantador hedonismo. Proliferaron las pastelerías y sitios para tomar té.

La elegante cocina de Escoffier, en los costosos restaurantes que fundó con su colega Ritz, rompió con la ornamentada y pesada tradición de Carême. Cuando los impresionistas crecieron en edad y prosperidad, abandonaron las posadas del campo y los malos modales en la mesa de su loca juventud y se acomodaron fácilmente a esta elegante cocina de los lujosos hoteles de Normandía y el sur francés.

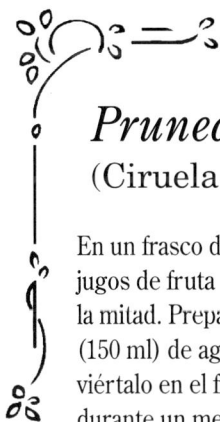

Pruneaux au Brandy
(Ciruelas en Brandy)

En un frasco de vidrio de boca ancha (los que usan ciertas marcas de jugos de fruta funcionan bien) coloque ciruelas pasas grandes hasta la mitad. Prepare un jarabe con 6 oz (180 g) de azúcar y $1/4$ de pinta (150 ml) de agua; deje hervir por 10 minutos. Cuando esté frío, viértalo en el frasco. Cubra con *brandy* o *Armagnac* y deje macerar durante un mes o más, para que el sabor madure.

Filet de Porc aux Pruneaux
(Filete de Cerdo con Ciruelas)

$1\frac{1}{2}$ lb (750 g) de lomo de cerdo
12 ciruelas
$\frac{1}{2}$ botella de *Vouvray*
1 taza de *crème fraîche* (pág. 90)
Sal, pimienta, ajo y hojas de laurel, al gusto
Harina de trigo
Mantequilla sin sal, para freír

El sabor afrutado y casi dulce del *Vouvray* va bien con el terroso de las ciruelas. Remójelas en el vino durante 1 hora o más para que se esponjen, sin ablandarse. Hierva a fuego bajo por 10 minutos.

Corte el lomo de cerdo en tajadas de $\frac{1}{2}$ pulgada (12 mm) y cubra con sal, pimienta negra recién molida y harina. Fría las tajadas en un poco de mantequilla hasta que adquieran un dorado pálido. Incorpore el *Vouvray* en el que se remojaron las ciruelas; agregue el laurel y el ajo; deje hervir. Mantenga en ebullición a fuego bajo sin tapar, por aproximadamente 10 minutos; añada las ciruelas y cocine por 5 minutos más. Para finalizar, revuelva con la crema y caliente.

Arriba a la izquierda, de Édouard Manet, George Moore en el Café, *1879. El elegante y solitario flâneur se sienta a tomar un vaso de esa nueva bebida algo plebeya, la cerveza. Museo Metropolitano de Arte, Nueva York.*

Arriba, de Édouard Manet, Dos muchachas con vasos de cerveza, *aprox. 1878. Collección Burrell, Glasgow.*

Página siguiente, de Victor Gilbert, El mercado de pescado en los Halles-Centrales, *1881. El orgullo respecto a los esplendores de París se extendía al flujo de provisiones frescas que diariamente llegaban a sus exuberantes mercados. Colección privada.*

Édouard Manet, El salmón, *aprox. 1868-69. Museo Shelburne, Vermont.*

Saumon à l'Oseille
(Salmón con Salsa de Acedera)

4 filetes de salmón
2 tazas de hojas de acedera, lavadas y cortadas en trozos
Jugo de naranja amarga (pág. 91)
1/2 taza de mantequilla
Sal y pimienta

Marine los filetes de salmón durante toda la noche, en el jugo de naranja con sal. En un recipiente para hornear forrado con papel aluminio cocínelos en horno caliente hasta que estén semicocidos, por 15 a 20 minutos según su tamaño.

Mientras tanto, cocine las hojas de acedera con un trozo de mantequilla, en un recipiente pesado. Agregue los jugos del salmón y revuelva; añada un poco más de mantequilla hasta que la salsa espese. No agregue demasiada mantequilla porque el salmón es rico en grasa.

Sírvalo con papas cocidas en un poco de agua con ajo y mantequilla, agregados al finalizar la cocción. Las papas deben mantenerse en el líquido de cocción durante unos minutos para que absorban los aromas. Cuando hierva papas no descarte el agua, porque se perderían su sabor y vitaminas. Puede añadirla a sopas y caldos.

Lapin Argenteuil
(Conejo Argenteuil)

2 lb (1 kg) de conejo salvaje despresado
2 lb (1 kg) de espárragos
1 taza de crema de leche espesa
Un trozo de mantequilla
Sal, pimienta y ajo, al gusto

Descarte la base de los espárragos y pele los tallos. Amárrelos en atados para facilitar su manejo y cocine con los recortes, cubiertos con abundante agua con sal. Cuando estén cocidos retire y reserve. Cuele el líquido y en él cocine las presas de conejo, con sal y un diente de ajo triturado, hasta que estén tiernas. Si desea una salsa espesa, reduzca el líquido durante la cocción, destapando total o parcialmente el recipiente. Corte las puntas de los espárragos y reserve. Licue o tamice los tallos y añádalos al conejo con la crema y la mantequilla; revuelva hasta que espese. Agregue pimienta negra rallada y sal al gusto. Sirva el conejo con las puntas de espárragos alrededor.

También puede prepararse con pollo.

Édouard Manet, El atado de espárragos, *aprox. 1880. Las granjas de Argenteuil fueron famosas por sus espárragos. Museo Wallraf-Richartz, Colonia.*

Édouard Manet, Berthe Morisot con un ramo de violetas, *1872. Berthe Morisot le contó a su hija Julie, muchos años después, que mientras Manet pintaba este retrato le sugirió que se casara con su hermano Eugène, lo que ella hizo para sorpresa de muchos, en 1874. Eugène le dio todo el apoyo afectivo que necesitaba para combinar su carrera de pintora con la de afortunada esposa, madre y anfitriona de sociedad. Museo Petit Palais, París.*

Berthe Morisot
De las violetas al Arroz
a la Mexicana

Riz Mexicain (Arroz a la Mexicana)
Tuiles (Tejas)
Moules Bordelaises (Mejillones a la Bordelesa)
Potage Bonne Femme (Sopa Bonne Femme)

Cuando George Moore declaró que el impresionismo se inventó en los cafés y bares de París, habría podido mencionar que la mejor pintora del movimiento nunca puso un pie en uno de ellos. Berthe Morisot (1841-1895) provenía de una acomodada familia de profesionales bien relacionados. La formación ideal para una mujer joven de su clase incluía lecciones de pintura, y pronto uno de sus profesores advirtió a la madre la inminente "catástrofe", ya que su hija estaba en peligro de tomar la pintura en serio. Y así lo hizo. Inteligente, ingeniosa y bella, Berthe Morisot aplicó considerables energías a convertirse en el tipo de artista que quería ser, dentro de las restricciones de la vida familiar de clase alta.

Realizó apacibles escenas de armonía doméstica, mujeres y niños en situaciones cotidianas, plenamente concebidas dentro del ideal impresionista de celebrar el aquí y el ahora, con una técnica revolucionaria, osada y totalmente estructurada cuando Morisot fue presentada a Manet en 1868. La serenidad de sus escenas casi oculta el valor y la fortaleza de la pintura.

Ambas cualidades sostuvieron a Morisot durante su carrera. A pesar de la sucesión de admiradores, el matrimonio parecía ser un tema fuera de discusión para una pintora seria. Su hermana Edma había dejado la pintura después de su matrimonio. Pero cuando a la edad de treinta y tres años, Berthe se casó con Eugène, el hermano de Manet, disfrutó del apoyo de una pareja sensitiva y leal y la libertad de una mujer casada con un hogar propio. Sus pinturas de la vida doméstica (la criada mezclando una salsa en el comedor familiar, el esposo y la hija jugando en el jardín), escenas en los parques y jardines de Neuilly, y los paisajes hechos durante las vacaciones en Bretaña y Normandía se mostraron en todas, excepto en una, las exhibiciones impresionistas.

Es poco probable que Morisot haya tenido tiempo o inclinación para disfrutar la preparación en la cocina, como Toulouse-Lautrec, el verdadero aristócrata, pero organizaba elegantes cenas los jueves, donde sus huéspedes disfrutaban de su Arroz a la Mexicana y Pollo con Dátiles. El diario de su hija Julie menciona algunos platos regionales que degustaban durante las vacaciones, *crêpes* en Bretaña y deliciosos Mejillones a la Bordelesa en Angulema. "Exquisitos" es una palabra que Julie utiliza con frecuencia para describir los alimentos, así como los elegantes pastelitos obsequiados por Mallarmé en un *picnic.*

Una cita para cenar con amigos en el último viernes del mes dio pie, una vez, a una feliz confusión. La familia Morisot equivocó el dato de la fecha y se sorprendió al llegar de pronto y encontrar a sus anfitriones disponiendo una olla de sopa sobre el fuego. Tomando ventaja de la situación, los gatos devoraron la sopa.

Después llegó Mallarmé todo acicalado y diciendo: "No he llegado tarde, ¿sí?".

"Sólo una semana antes". —Le contestaron.

Sin embargo, todos se quedaron a cenar. El diario no describe la sopa que nunca comieron, pero podría ser el tradicional *Potage Bonne Femme.*

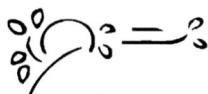

Riz Mexicain
(Arroz a la Mexicana)

1½ tazas de arroz para *risotto*, tipo *Avorio* o *Arborio*
3 tazas de caldo
1 cebolla grande
1 lb (500 g) de tomates
2 dientes de ajo, picados
Sal
Aguacates frescos, chiles picantes y hojas de cilantro, para decorar
Aceite de oliva (pág. 90)

Pique gruesa la cebolla y lícuela con el tomate y el ajo hasta obtener un puré. Fría en el aceite de oliva hasta que el olor a "cebolla cruda" desaparezca. Añada el arroz, cocine por 5 minutos y vierta el caldo. Agregue sal al gusto y cocine tapado, por 20 minutos a temperatura baja, tiempo en el cual el arroz debe haber absorbido el líquido. Decore con tajadas de aguacate, chiles picantes y hojas de cilantro.

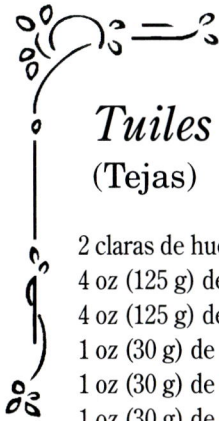

Tuiles
(Tejas)

2 claras de huevo
4 oz (125 g) de hojuelas de almendras
4 oz (125 g) de azúcar pulverizada
1 oz (30 g) de almendras molidas
1 oz (30 g) de harina de trigo
1 oz (30 g) de mantequilla
Sal

Bata ligeramente las claras de huevo. Ablande la mantequilla y mézclela con la harina, almendras, azúcar y sal; mezcle con las claras. Vierta la mezcla por cucharadas en un recipiente engrasado y hornee a fuego medio por 15 minutos. Enrolle cada galleta alrededor de una botella o rodillo para que se curven. Deje enfriar.

Marie Bracquemond, Hora del té, *1880. Museo Petit Palais, París.*

Moules Bordelaises
(Mejillones a la Bordelesa)

2 lb (1 kg) de mejillones
2 vasos de vino blanco seco
1 taza de migas de pan fresco (pág. 91)
1 lb (500 g) de tomates frescos
½ taza de aceite de oliva (pág. 90)
2 dientes de ajo picados
½ taza de perejil picado
Sal y pimienta

Pique gruesos los tomates y cocínelos rápidamente en el aceite de
oliva hasta que los jugos se evaporen. No sobrecocine.

Frote los mejillones bajo agua corriente. Cocínelos por unos
minutos en un recipiente tapado con el vino y el ajo, hasta que abran.
Retírelos de las conchas y reserve. Cuele los jugos a través de una
tela para descartar la arena. Añada el líquido a los tomates, cubra con
las migas de pan y mantenga en ebullición a fuego bajo hasta que
espese. Incorpore los mejillones y caliente, sin sobrecocinar. Sirva
caliente o a temperatura ambiente, espolvoreados con perejil.

Potage Bonne Femme
(Sopa Bonne Femme)

Una selección de vegetales picados hervidos en agua, colados o convertidos en puré, enriquecidos con mantequilla y crema. Aunque la receta tradicional especifica una combinación de papas, zanahorias y puerros sazonados con perifollo y perejil, ésta es una agradable variación.

2 papas medianas
2 chirivías (pastinaca)
2 puerros
1 pan francés o *Ciabatta* cortado en tajadas gruesas (pág. 91)
1 trocito de mantequilla
1 taza de crema de leche espesa
Queso *Gruyère* o Parmesano, rallado
Ajo y 1 hoja de laurel
Perejil y cebollines
Sal y pimienta
1 pinta (600 ml) de agua o caldo

Pique gruesos los vegetales y deje hervir a fuego bajo en el agua o caldo, con el pan y un poco de ajo y laurel. A los 30 minutos de cocción, retire el laurel y licue. Revuelva con la mantequilla y la crema; recaliente a fuego bajo. Sazone con sal y pimienta negra recién molida, añada el queso y las hierbas picadas.

Henri le Sidaner, Mesa para un almuerzo al aire libre *(detalle).*
Colección privada.

Claude Monet, El almuerzo, *1868. Instituto Estatal de Arte, Francfort.*

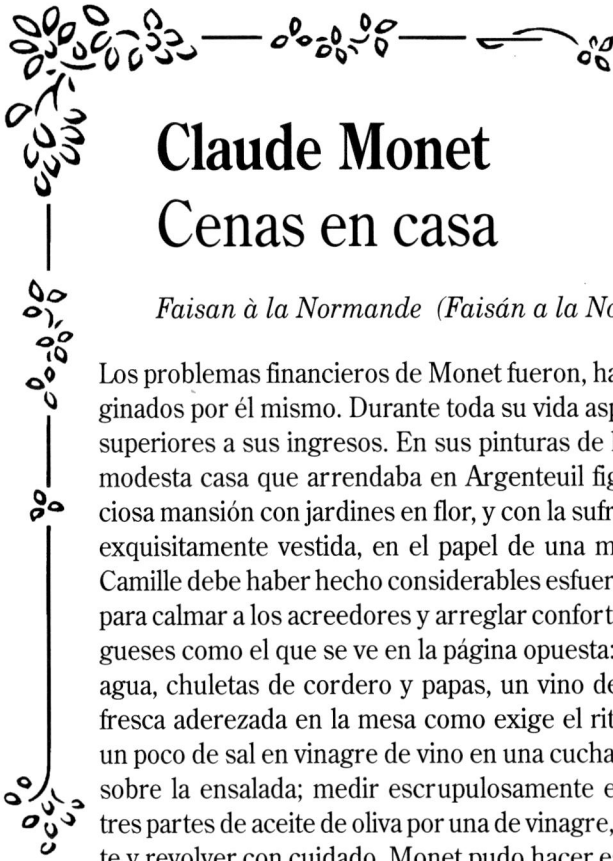

Claude Monet
Cenas en casa

Faisan à la Normande (Faisán a la Normanda)

Los problemas financieros de Monet fueron, hasta cierto punto, originados por él mismo. Durante toda su vida aspiró a niveles de vida superiores a sus ingresos. En sus pinturas de la década de 1870, la modesta casa que arrendaba en Argenteuil figura como una espaciosa mansión con jardines en flor, y con la sufrida Camille flotando, exquisitamente vestida, en el papel de una mujer que no trabaja. Camille debe haber hecho considerables esfuerzos, tras bambalinas, para calmar a los acreedores y arreglar confortables almuerzos burgueses como el que se ve en la página opuesta: huevos pasados por agua, chuletas de cordero y papas, un vino decente, una ensalada fresca aderezada en la mesa como exige el ritual francés: disolver un poco de sal en vinagre de vino en una cuchara de servir; rociarlo sobre la ensalada; medir escrupulosamente en la misma cuchara tres partes de aceite de oliva por una de vinagre, verter en el recipiente y revolver con cuidado. Monet pudo hacer esto al final de su vida cuando había alcanzado la prosperidad, y los huéspedes en Giverny retrocedían ante las abundantes cantidades de pimienta negra que el pintor distribuía sobre las ensaladas.

Monet amaba la vida doméstica y disfrutaba con gran placer de su hijo pequeño y su jardín, comprando grandes floreros de porcelana china blanca y azul para llenarlos con geranios escarlatas. Pintó a Jean a la hora de la comida, empuñando hambriento su cuchara o jugando feliz con sus juguetes. El cuadro de los restos de un almuerzo de verano en el jardín de Argenteuil (pág. 66) atrapa el desvanecido momento de calma al final de la comida, sin darnos ninguna pista de las villas suburbanas que lo rodean y la cercana estación del tren, las cuentas de la lavandería sin pagar y la maraña de problemas personales y financieros subyacentes.

Faisan à la Normande
(Faisán a la Normanda)

1 faisán
4 manzanas de buen sabor, como *Coxes* o *Reinettes*, sin corazón, con
    cáscara y cortadas en cuartos
2 cdas. de mantequilla
2 hojas de laurel
Ajo al gusto
Sal y pimienta
1 taza de crema de leche espesa o *crème fraîche* (pág. 90)
1 copa de Calvados

En una cazuela de hierro pesado, dore el faisán en la mantequilla con
las manzanas y el ajo. Agregue el laurel y el Calvados; flamee. Si
fuera necesario, tape la cazuela para combatir las llamas. Hornee a
temperatura media durante 1 hora, hasta que el faisán esté tierno.

    Retire el faisán, trinche y reserve los trozos tibios. Descarte el
exceso de grasa del recipiente e incorpore la crema, revuelva hasta
obtener una salsa tratando de que los trozos de manzana no se
desintegren. Devuelva el faisán al recipiente y caliente.

    Las manzanas se pueden remplazar por membrillos y el Calvados
por whisky.

Claude Monet, Naturaleza muerta con faisanes y frailecillos, *1879.*
Instituto de Artes de Mineápolis.

Marie Bracquemond, Bajo la lámpara, *1887. Instituto de Arte de Chicago, Colección Sr. y Sra. Potter Palmer.*

Marie Bracquemond
Entreteniendo a los Sisley

Boeuf Bourguignon (Carne a la Borgoñona)

"El abre mis ojos y hace que vea mejor", dijo Marie Bracquemond (1841-1916) sobre Monet. Sus propias pinturas fueron tan innovadoras y perfectas como las de los otros impresionistas, pero a semejanza de sus contemporáneas, Mary Cassatt, Berthe Morisot y Eva Gonzalès, ella trabajó dentro de las rígidas limitaciones de la vida convencional de la clase media. Escenas domésticas, interiores, ociosas damas tomando té en el jardín, y el tema "madre e hijo", fueron el terreno en el que estas mujeres intrépidas abrieron un nuevo espacio de manera tan valiente como sus compañeros hombres lo hicieron con los bares y lugares públicos.

Grabar el efímero momento, el juego de la luz sobre los objetos domésticos, fue un reto tanto interior como de puertas para afuera. La pintura de Bracquemond sobre la cena de una familia modesta, con Alfred Sisley (1839/1840-1899) y su esposa como invitados listos a servirse de una fragante sopa o *pot-au-feu,* bajo el suave brillo de la lámpara de aceite, es una de las más felices evocaciones de la vida hogareña en el arte impresionista.

Eventualmente Bracquemond parece haber sacrificado el arte por su tranquilidad familiar, abandonando la pintura que su esposo desaprobaba, a pesar del apoyo de su hermana e hijo.

Los Sisley también disfrutaron modestas cenas familiares con Monet y Camille en un escenario poco pretensioso, típicamente francés, que incluía al bebé Jean en su asiento alto, aprendiendo desde temprana edad a gozar de los placeres de la mesa.

La tradicional culinaria doméstica se heredaba de madre a hija y era muy diferente de la de los restaurantes de París y las posadas vacacionales. Sin embargo, ambos estilos se adherían estrictamente a las reglas y convenciones. Es difícil apreciar esto hoy, cuando las innovaciones y fantasías de una generación de brillantes cocineros jóvenes han roto los lazos con la sabiduría tradicional, y provocado, por reacción, el retorno de los estofados cocidos lentamente y de las salsas preparadas con harina.

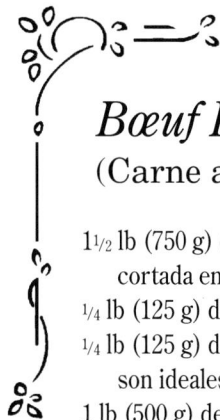

Bœuf Bourguignon
(Carne a la Borgoñona)

1½ lb (750 g) de cadera o una mezcla de falda y pierna de res,
   cortada en cubos de 1 pulgada (25 mm)
¼ lb (125 g) de tocino veteado, cortado en trocitos
¼ lb (125 g) de tocineta o recortes de jamón (los del *prosciutto* crudo
   son ideales) cortado en tajadas (pág. 92)
1 lb (500 g) de cebolla picada
Ajo al gusto
½ botella de Borgoña tinto
Hojas de laurel, tomillo y condimentos, al gusto
1 cda. de harina de trigo (pág. 91)
½ taza de mantequilla

Fría la tocineta en un poco de mantequilla hasta que suelte la grasa.
Agregue los trozos de carne y dórelos por todos lados. Incorpore las
cebollas y los dientes de ajo y deje que se doren ligeramente. Añada
hojas de laurel, tomillo, pimienta recién molida y vino. Tape y
mantenga en ebullición a fuego bajo por 3 horas.

Rectifique la sazón, porque la tocineta puede haber aportado
suficiente sal. Mezcle la harina con la mantequilla restante y vierta un
poco en los jugos, revolviendo suavemente hasta que espese.

Si en este punto agrega un vaso de Cognac, revuelve y mantiene
en ebullición por unos minutos, obtendrá un exquisito toque final.

No vale la pena preparar este plato con carne de inferior calidad,
pero se pueden utilizar otros buenos cortes de res menos costosos,
carne de venado para estofar o lomo de jabalí salvaje.

Claude Monet, Cena en casa de los Sisley, *1867. Colección E. G. Bührle, Zurich.*

Mary Cassatt, Alimentando a los patos, *1894. Muchos impresionistas compartieron su interés por las artes del Japón. Cassatt escribió entusiasmada a Morisot, urgiéndola a visitar la exhibición de grabados japoneses en la Escuela de Bellas Artes, en 1890, y realizó una serie de litografías influida por sus composiciones asimétricas. Terra Museum de Arte Americano, Chicago.*

Mary Cassatt
Alimentando a los patos

Confit de Canard (Pato Confitado)
Soupe Froide d'Été (Sopa Fría de Verano)

Ni la independiente y original americana Mary Cassatt (1844-1926), quien vivió en París con sus padres y su hermana Lydia en la década de 1870, fue libre de seguir los modelos que inspiraron las pinturas de la vida exterior realizadas por hombres. Los lagos y jardines del bosque Boulogne, sin embargo, eran lugares seguros y cómodos, y tanto Cassatt como Morisot produjeron líricas imágenes de madres e hijos alimentando a los patos u holgazaneando en el agua.

El pato es un ingrediente difícil en la cocina del verano, por su alto contenido graso, un poco pesado para algunos. El Pato Confitado tiene la ventaja de que se retira la grasa que rodea las presas, dejando libre la suculenta carne que puede recalentarse lentamente y servirse con una crujiente y ligera ensalada o un puré frío de lentejas o nabos.

Los franceses saben cómo manejar el intenso calor del verano. Las puertas y ventanas se cierran para atrapar el frío de la noche, mientras que las persianas y cortinas mantienen el sol fuera de las paredes y ventanas. Una cena en un comedor frío y fresco, con una fragante y ligera comida y vino frío es una alternativa civilizada al *picnic* que se desarrolla en el exterior.

La sopa fría fue uno de los aportes de Édouard de Pomiane en sus famosos programas de radio durante la década de 1920 a 1930. Su combinación de encanto y habilidad verbal transmitía a los oyentes la depuración de la cocina clásica con ideas nuevas, desarrolladas en espacios increíblemente cortos. Es probable que sean los mejores programas de radio sobre cocina que se hayan producido.

Confit de Canard
(Pato Confitado)

Esta elaborada manera de preservar el pato o ganso para su uso durante el año puede adaptarse a las comidas domésticas.

4 perniles de pato (pernil y muslo)
2 cditas. de sal por cada libra de pato
Ajo, tomillo, granos de pimienta y hojas de laurel, al gusto
1 taza de grasa sobrante del pato o de manteca de cerdo (pág. 90).

Sazone el pato con las hierbas aromáticas y déjelo por 1 día o más. Derrita la grasa del pato en una cazuela pesada y añada las presas, sin las hierbas. La grasa debe cubrirlas por completo. Cocine a temperatura muy baja por 1 a 2 horas, o hasta que la carne esté tierna. Deje enfriar en la grasa y luego almacene los trozos en frascos o recipientes, cubiertos con la grasa colada. Pueden comerse en el momento, pero el sabor madura cuando se conserva.

Sirva el pato tibio. Los amantes de la grasa disfrutarán la piel crujiente y los ricos jugos, pero la aromática carne puede retirarse de la grasa y servirse con una ensalada fresca o simplemente con lentejas hervidas, para los de constitución menos robusta.

Soupe Froide d'Été
(Sopa Fría de Verano)

1½ lb (750 g) de tomates maduros
1 pepino cohombro mediano cortado en tajadas o cubos, o rallado
1 pinta (600 ml) de agua
1 taza de crema de leche espesa
1 cda. de sémola
Hierbas frescas: perifollo y estragón, o albahaca y cebollines, picados
Sal y pimienta al gusto
Ajo, si lo desea

Ni siquiera vale la pena pensar en preparar esta receta si no puede utilizar buenos tomates. Los rojos insípidos del comercio pueden remplazarse por otros "cultivados para que tengan mejor sabor". Los tomates enlatados tampoco funcionarán.

Licue los tomates con el agua y cuele si desea un efecto suave, o déjelos con las cáscaras y trozos para una mejor textura. Hierva los tomates en un recipiente pesado. Revuelva lentamente con la sémola y cocine hasta que espese (aproximadamente por 10 minutos). Deje enfriar. Revuelva con el pepino, crema y hierbas picadas; sazone con ajo, sal y pimienta negra al gusto. Enfríe. Sirva con *croûtons* o pan de corteza crujiente (págs. 90 y 91).

Henri le Sidaner, Té en los bosques de Gerberoy, *1925. Tanto la tenue presencia de las frutas, flores y vapores del vino en la sombra moteada, como las personas, parecen tener poca importancia en este insustancial* picnic. *Colección privada.*

Édouard Vuillard, Toulouse-Lautrec cocinando, *1898. Vuillard pintó a su amigo en Villeneuve-sur-Yonne, en la casa de campo de Misia y Thadée Natanson, donde eran huéspedes frecuentes. La generosidad y alegría de vivir de Lautrec encontraron la expresión ideal en la cocina, dondequiera que él estuviera. Museo Toulouse-Lautrec, Albi.*

Toulouse-Lautrec
Cocina para "unos pocos privilegiados"

Ramereaux aux Olives (Palomas con Aceitunas)
Homard à l'Américaine (Bogavante a la Americana)
Crème Bacchic (Crema Bacchic)
Fromage Ricotta au Vin (Queso Ricotta con Vino)
Petits Flans aux Aromates (Pequeños Flanes Aromatizados)
Île Flotante (Islas Flotantes)

"¡Ah la vie! ¡La vie¡", hubiera gritado Henri de Toulouse-Lautrec (1864-1901) celebrando todas las delicias y sensaciones que la vida ofrecía con entusiasmo y generosidad. La comida y la bebida estaban dentro de los placeres que compartía con amigos escogidos. En su estudio mantenía un bar bien surtido donde mezclaba cocteles que convenían a las pinturas dispuestas para entretenerlos. Regularmente ofrecía cenas los viernes, con menús y listas de compras planeadas con anticipación, finos vinos y costosos pollos rellenos con trufas, enviados desde sus propiedades familiares en Albi.

Preparó una receta especial, descubierta en un antiguo restaurante de la Rue de Bourgogne, las Palomas con Aceitunas, para unos pocos privilegiados, los leales amigos que formaron un círculo protector cuando la notoriedad, creada por los estudios de Lautrec sobre escenas de burdel, se convirtió en una intrusa. Este plato se convirtió en el símbolo de un estado de ánimo, una especial prueba de amistad.

Algo del espíritu impresionista inspiró a Lautrec cuando abandonó la bien provista cocina de su amigo, el comerciante de libros antiguos Georges Henri-Manuel, e insistió en cocinar el Bogavante a la Americana sobre una estufa portátil situada en la elegante biblioteca de su anfitrión. Esta casi imperdonable travesura fue olvidada porque el bogavante estaba exquisito y se preparó sin una sola salpicadura o chisporroteo.

Posteriormente, cuando la indulgencia hacia las buenas cosas cobró su precio, familiares y amigos intentaron que Lautrec enmendara su forma de ser y adoptara una dieta que hiciera menos daño a su salud. Él replicó con una elegante invitación a la apertura de su nuevo estudio donde, en medio de grabados y textiles japoneses, se hallaba una mesa servida con productos lácteos a la última moda como quesos, pastelitos, recipientes con crema batida y frascos de yogur, que casi ocultaban el bar con los cocteles cuidadosamente encubiertos, con que continuó refrescando a "unos pocos privilegiados" en el estilo al que estaban acostumbrados.

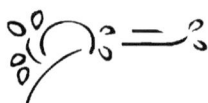

Ramereaux aux Olives
(Palomas con Aceitunas)

Para cuatro personas
4 palomas (si se usan palomas domésticas o pichoncitos el tiempo de cocción se acortará)
6 chalotes picados
¼ taza de cada una: carne molida de res, de ternera y de cerdo
4 oz (125 g) de tocino sin ahumar o *pancetta* (pág. 92)
Sal, pimienta, nuez moscada, hierbas (salvia, romero y hojas de laurel)
1 cda. de mantequilla
1 vaso de *Cognac*
1 taza de aceitunas verdes deshuesadas
2 tazas de buen caldo casero
1 cda. de harina de trigo (pág. 91)

Mezcle las carnes molidas con la sal, pimienta y nuez moscada. (Toulouse-Lautrec también utilizaba trufas; si puede, úselas). Rellene las aves con la mezcla. Fría los chalotes con el tocino y mantequilla; añada la harina y cocine por 1 minuto; revuelva con el caldo. Incorpore las aves con la pechuga hacia abajo, y las hierbas. Tape y mantenga en ebullición a fuego bajo hasta que las aves estén tiernas. Las palomas jóvenes se demorarán aproximadamente 1 hora y las mayores un poco más. Los pichoncitos estarán listos en 45 minutos a 1 hora.

Incorpore las aceitunas, el *Cognac* y abundante pimienta negra recién molida al recipiente; mantenga en ebullición a fuego bajo, sin tapar para que la salsa se concentre.

Sirva con arroz cocido o puré de papas.

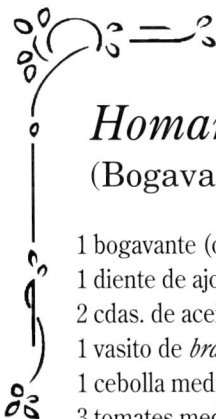

Homard à l'Américaine
(Bogavante a la Americana)

1 bogavante (o langosta)
1 diente de ajo picado
2 cdas. de aceite de oliva (pág. 90)
1 vasito de *brandy*
1 cebolla mediana, picada
3 tomates medianos, picados
Tomillo, perejil e hinojo, frescos, picados
1 hoja de laurel
1 vaso de vino blanco seco
1 cda. de mantequilla

Solicite a su pescadero que corte un bogavante (o langosta) muerto en trozos pequeños, reservando el coral e hígado.

Caliente el aceite en un recipiente pesado y cocine los trozos de langosta con el ajo, hasta que estén rojos. Vierta el *brandy* y flamee. Cuando las llamas se extingan, retire la langosta y resérvela. Cocine la cebolla en los jugos del recipiente hasta que esté tierna, agregue los tomates, el vino y la langosta. Cocine sin tapar hasta que la langosta esté lista (10 a 15 minutos). Triture el coral e hígado con la mantequilla y revuelva con los jugos. Caliente sin hervir.

Crème Bacchic
(Crema Bacchic)

La receta de este inocente flan, que proviene del libro *French Country Kitchen* (Cocina campesina francesa), de Geraldene Holt, podría ser una agradable adición al bar lácteo de Toulouse-Lautrec.

4 yemas de huevo
½ pinta (300 ml) de vino blanco dulce, *Montbazillac* o *Beaumes de Venise*
Azúcar al gusto, dependiendo de la dulzura del vino
Cáscara rallada de limón, o canela

En un recipiente esmaltado, caliente el vino con el limón o la canela. Deje en infusión por un rato. Bata las yemas y revuélvalas con el vino. Vierta la mezcla en pequeños recipientes o moldes para flan y hornee al baño maría a temperatura media hasta que estén cocidos.

Fromage Ricotta au Vin
(Queso Ricotta con Vino)

Esta receta, con menos calorías que la anterior, es más adecuada para *gourmets* penitentes.

8 oz (250 g) de queso *Ricotta* o blanco
2 oz (60 g) de azúcar
1 vaso de vino blanco seco
Un poco de cáscara rallada de naranja amarga (pág. 91)

Licue o procese todos los ingredientes; enfríe. Sirva con las tejas de la página 35.

Henri de Toulouse-Lautrec, Invitación. *Esta pequeña e irónica invitación para celebrar con una taza de leche la apertura de su nuevo estudio, contiene un juego de símbolos sobre los supuestos efectos diuréticos de la leche con la inclusión de una urraca, cuyo nombre en francés, "pie", repetido 2 veces, daría pi-pi (¡pipí!).*

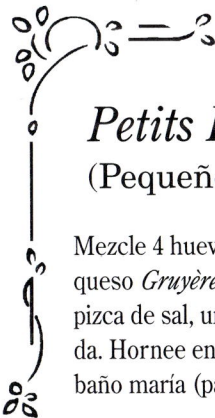

Petits Flans aux Aromates
(Pequeños Flanes Aromatizados)

Mezcle 4 huevos con 1 taza de crema de leche espesa, 1 taza de queso *Gruyère* rallado, $1/2$ taza de estragón picado y cebollines, una pizca de sal, un poco de pimienta negra recién molida y nuez moscada. Hornee en pequeños moldes individuales para flan o cocine al baño maría (pág. 90), hasta que estén firmes.

55

Île Flotante

(Islas Flotantes)

Esta variación de la receta familiar la encontré escrita en tinta púrpura sobre un trozo de papel doblado, dentro de *La Cuisine de Rose-Marie* (La Cocina de Rose-Marie) un libro de principios de siglo que me obsequió una modesta familia francesa de Cévennes. Las instrucciones insisten en que debe prepararse en grandes porciones para poder repetir el plato.

4 huevos
1 taza de crema de leche espesa
1 taza de leche
1 vaina de vainilla
1 taza de praliné (pág. 92)
1 taza de azúcar

Bata las claras de huevo hasta que estén firmes. Añada el praliné y la mitad del azúcar, sin dejar de batir. Hornee esta mezcla de merengue en un recipiente bien engrasado, al baño maría (pág. 90), a fuego medio por 45 minutos.

Mientras tanto, prepare un flan con las yemas, leche, crema y azúcar restante aromatizado con la vainilla. Deje enfriar ambas preparaciones. Coloque el merengue en un recipiente decorativo, rodee con el flan y espolvoree con un poco de polvo de praliné.

Martha Walter, En el salón de té, *1910. Terra Museum de Arte Americano, Chicago.*

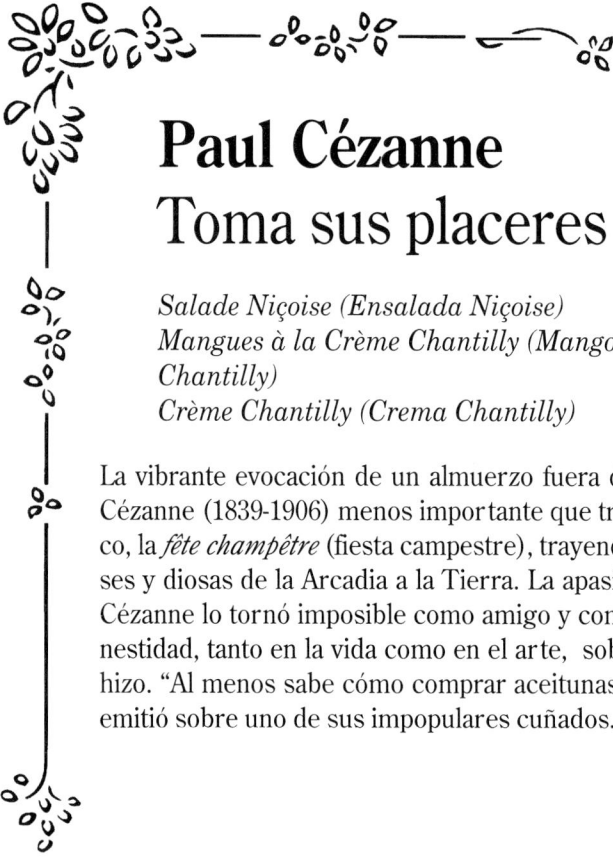

Paul Cézanne
Toma sus placeres en serio

Salade Niçoise (Ensalada Niçoise)
Mangues à la Crème Chantilly (Mangos con Crema
Chantilly)
Crème Chantilly (Crema Chantilly)

La vibrante evocación de un almuerzo fuera de casa es para Paul Cézanne (1839-1906) menos importante que trabajar un tema clásico, la *fête champêtre* (fiesta campestre), trayendo de golpe a los dioses y diosas de la Arcadia a la Tierra. La apasionada naturaleza de Cézanne lo tornó imposible como amigo y compañero, pero su honestidad, tanto en la vida como en el arte, sobrepasan todo lo que hizo. "Al menos sabe cómo comprar aceitunas...", fue el juicio que emitió sobre uno de sus impopulares cuñados.

Paul Cézanne, Almuerzo sobre la hierba, 1872-1882. Museo de Picardía, Amiens.

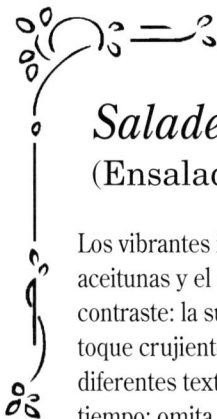

Salade Niçoise
(Ensalada Niçoise)

Los vibrantes ingredientes de esta ensalada son las anchoas, las aceitunas y el atún. Cualquier otra cosa que adicione debe producir contraste: la suavidad de los huevos, papas y habichuelas frente al toque crujiente de la lechuga y el pimiento sirven para marcar las diferentes texturas. Puede intentar estas variaciones, pero no todas al tiempo: omita todos los ingredientes rojos para crear una armonía de verdes; retire los blancos y negros o utilice rábanos, pimientos rojos y amarillos, tomates y lechugas rojas y no exagere con los verdes.

$1/2$ lb (250 g) de habichuelas pequeñas, cocidas y cortadas en trozos
    de 1 pulgada (25 mm)
4 huevos duros, pelados y cortados en mitades
12 filetes de anchoa curados, sin sal y limpios
12 aceitunas negras grandes
1 lata de atún
1 cebolla roja, cortada en tajadas
1 lechuga
Perejil o albahaca picada
1 pimiento verde picado
2 tomates cortados en trozos
Ajo, sal y pimienta negra recién molida, al gusto
Aceite de oliva (pág. 90)

   Mezcle todos los ingredientes con el aceite. No trate de distribuirlos decorativamente porque esta sencilla comida formará su propio patrón. Los que gustan de un buen vinagre de vino pueden añadir unas gotas por separado.

Paul Gauguin, Bodegón con mangos*, Colección privada.*

Mangues à la Crème Chantilly
(Mangos con Crema Chantilly)

Es imposible comer mangos con cierta elegancia en una situación social y por esto es una gentileza con sus invitados a un *picnic* separar la pulpa del hueso con anticipación. Si la fruta está perfectamente madura y plena de sabor no necesita atención extra, pero puede colocar cubos de mango en un recipiente de vidrio con un poco de ron blanco y azúcar, enfriar y servir con crema Chantilly.

Crème Chantilly
(Crema Chantilly)

En un recipiente frío bata $1/2$ pinta (300 ml) de crema de leche con batidor metálico. Si realiza este proceso manualmente se incorpora más aire y resulta más ligera. Aromatice con azúcar avainillada o con un licor apropiado.

Pierre Bonnard, La mesa, *1925. Galería Tate, Londres.*

Pierre Bonnard
Picnic bajo techo

Tarte aux Fraises (Tarta con fresas)
Salade de Fraises (Ensalada de fresas)
Pain Perdu (Pan Perdido)
Sauce Tomate (Salsa de Tomate)

"Más abajo del techo" era la manera irreverente en que los *Nabis* (pág. 91), jóvenes contemporáneos de Pierre Bonnard (1867-1947), hablaban de los respetados impresionistas, de su determinación de plasmar el mundo en luces y colores más que intelectualizarlo. Bonnard mismo no se dejó atrapar por las teorías, pero sus pinturas son más complejas que el simple registro de impresiones y sensaciones. Aunque las comidas, o los sobrantes de ellas, figuran en muchas de sus pinturas, nos transmiten un sentido preciso de menú planeado o un tipo de cocina. Nos preguntamos si la etérea Marthe emergiendo después de varias horas de su iridiscente bañera puso alguna vez un pie en la cocina. Los alimentos parecen encontrar su camino hacia las mesas de Bonnard en forma de misteriosas conjunciones con perritos negros, inoportunos gatitos, superficies bosquejadas e insinuaciones de fragancias y aromas; todos en perspectivas extrañas y cuidadosamente trabajadas.

Los postres ligeros, los recipientes de frutas, pasteles, galletas y cremas de Bonnard se ven más como comidas para *picnics* que como los esperados platos de la casa de Monet, a la cual era invitado con frecuencia. Su propia casa en Le Canet, al sur, era diferente del patriarcal establecimiento de Giverny. Estaba decorada con muebles de campo y sillas de mimbre. Un brillante fieltro rojo cubría la mesa del comedor y las tibias fragancias del Midi salían del jardín para mezclarse con los enigmáticos aromas de la misteriosa cocina de Bonnard.

Tarte aux Fraises
(Tarta con Fresas)

Para la pasta:
8 oz (250 g) de harina de trigo
4 oz (125 g) de mantequilla cortada en trocitos
4 oz (125 g) de azúcar avainillada
1 huevo, una pizca de sal

Bata el huevo con la sal y el azúcar. Mezcle con la harina hasta que la pasta esté cremosa; agregue la mantequilla y amase rápidamente. Estírela con rodillo y forre un molde para flan de 9 pulgadas (22,5 cm). Hornee hasta que esté dorada.

Relleno:
1 lb (500 g) de fresas cortadas en mitades
2 cdas. de mermelada de grosella roja
1 cda. de azúcar

Rellene la corteza con una capa de fresas. Derrita el azúcar en la mermelada y deje hervir. Enfríe hasta que tenga la temperatura corporal y vierta sobre la fruta. Cómala fría.

Salade de Fraises
(Ensalada de Fresas)

Es fácil aburrirse de esas fresas grandes que se consiguen durante casi todo el año, a veces un poco maltrechas después de su larga travesía por el refrigerador o congelador.

Sin embargo, pueden cobrar nueva vida en una ensalada con tajadas de pepino cohombro sazonadas con sal y pimienta negra recién molida, un poco de ajo picado, algo de aceite balsámico (pág. 91), o de avellana y hojas frescas de menta.

Esta ensalada acompaña bien al jamón cocido frío, rosbif frío o cordero, pollo asado o *pâté* campesino.

Pain Perdu
(Pan Perdido)

4 tajadas grandes de pan blanco sin corteza (pág. 91)
1½ tazas de leche
2 huevos
Azúcar avainillada
Canela recién molida
Mantequilla

Corte las tajadas de pan en tiras. Remójelas en los huevos batidos con leche. En una sartén pesada, derrita la mantequilla y fría las tiras de pan. Espolvoree con azúcar y canela. Cómalas calientes.

Puede dar un nuevo sabor espolvoreándolas con queso Parmesano recién rallado y nuez moscada. Como parece que a todos los niños les gusta la salsa de tomate, prepare una buena salsa y déjelos sumergir las tiras de pan en ella.

Sauce Tomate
(Salsa de Tomate)

Pique gruesos 4 tomates maduros y cocínelos en aceite de oliva de buena calidad (pág. 90), con un poco de ajo y paprika. Agregue sal al gusto y una pizca de azúcar, si los tomates son un poco ácidos.

Pierre Bonnard, El almuerzo de los niños. *Museo de Bellas Artes, Nancy.*

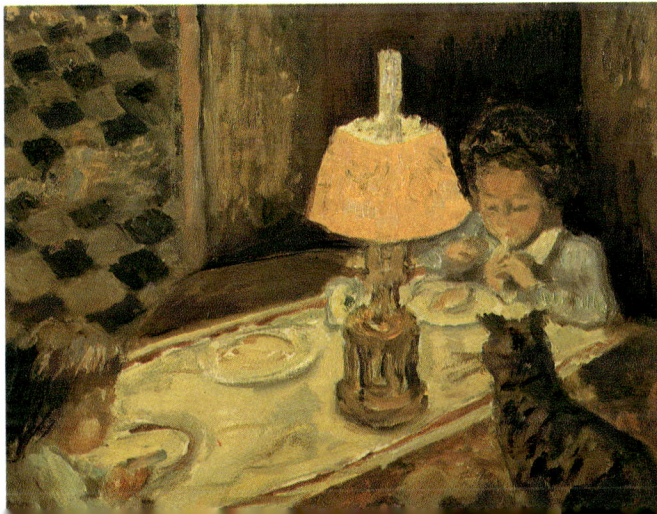

Claude Monet, El almuerzo, *1872-1874. Pintado un poco antes de que Monet se mudara a Giverny, es un compendio de los placeres del almuerzo al aire libre, en un jardín bien cuidado, con el pequeño Jean jugando plácidamente en la sombra y elegantes invitados que aparecen en los caminos de piedra. Museo de Orsay, París.*

El Patriarca
En Giverny

Rouget au Four (Salmonete al Horno)
Pouding de la Mère de Whistler (Budín de la Madre de Whistler)
Rosbif

Del rudo joven que escapó sin pagar su cuenta del hotel en Normandía en la década de 1860, al responsable y de alguna manera tiránico artista de Giverny, hay un corto paso. En 1868 Monet se encontró al borde de la decadencia financiera y emocional. Su protector Ernest Hoschedé quebró y dejó a su esposa Alice y a sus hijos sin apoyo. La familia Hoschedé se unió a Monet y a su esposa Camille, debilitada por el nacimiento de su segundo hijo y desmoralizada por el romance de su marido con Alice Hoschedé.

De alguna manera Monet, con la enérgica asistencia de Alice, se las arregló para recoger las piezas y unir a esta gran familia, sus dos hijos y los seis de ella, primero en Vétheuil, luego de la muerte de Camille, y después un poco más arriba del río en la villa de Giverny, adonde se mudaron con toda la casa empacada en lanchones de carga. Allí se establecieron creando una forma de vida que las siguientes oleadas de turistas no pudieron destruir: un jardín robado a los pantanos, una casa plena de colores luminosos y ligeros y el disfrute de la serenidad familiar arduamente lograda.

El dormitorio de Monet tenía ventanas hacia el sur y el oeste, desde donde podía predecirse el clima y también organizar el trabajo diario. Su día comenzaba a las cinco de la mañana; pasaba algún tiempo en la huerta planeando los menús de la semana y luego en el jardín donde, con la ayuda de los niños y más adelante de los jardineros, emergían los paisajes acuáticos, las flores y las paredes de un rosado desvanecido. Luego el sonido de la perentoria campana imponía el orden y la familia e invitados se reunían temprano para el almuerzo, trinchado y servido por el maestro, que disfrutaban y comían enseguida, ya que la luz vespertina era demasiado buena para perdérsela.

Julie Manet, la hija de Berthe Morisot, a veces se desconcertaba por los modales de Monet en la mesa (la sopa regada a todo lo largo de la majestuosa barba), pero amaba sus pinturas, especialmente las series de la catedral de Rouen, que la hacían pensar en gotas de helado de fresa.

Claude Monet, Pescado, *aprox. 1870, Museo de Arte Fogg, Universidad de Harvard.*

Rouget au Four
(Salmonete al Horno)

4 salmonetes con o sin hígados, a su elección
2 dientes de ajo, pelados y picados
½ taza de perejil picado
½ taza de aceitunas negras, deshuesadas y picadas
1 cdita. de cáscara rallada de limón
Sal y pimienta
4 tomates medianos
Hojas de albahaca
8 aceitunas negras enteras
Aceite de oliva (pág. 90)

Mezcle el ajo con el perejil, aceitunas, cáscara de limón, sal y pimienta negra recién molida. Rellene el pescado limpio con esta mezcla y deje reposar por 1 hora o más en un lugar frío, para que absorba los sabores.

Pincele el pescado con el aceite de oliva y hornee a temperatura alta por 10 a 15 minutos.

Mientras tanto, cocine rápidamente los tomates picados en el aceite de oliva hasta que los jugos se concentren. Añada sal al gusto, trocitos de albahaca y los jugos de cocción sobrantes. Vierta sobre el pescado y decore con aceitunas. Este plato se puede servir caliente o a temperatura ambiente.

James Abbott McNeill Whistler (1843-1903) tal vez recordó en alguna visita a Giverny uno de los exquisitos budines de su madre, su versión americana de las Islas Flotantes.

El amor de Whistler por la buena comida era comparable con el de sus amigos Maurice Joyant y Toulouse-Lautrec, pero la pretensiosa cena que ofreció para ellos en el Café Royal de Londres fue un fracaso. Ambos amigos planearon una venganza en el Criterion, donde todo el costado de una res se asó y trinchó siguiendo las instrucciones precisas de Lautrec, lo cual obligó a Whistler a reconocer su derrota en su propio campo. En sus viajes a Londres Monet tuvo experiencias menos agradables y escribió a Alice quejándose de la horrorosa comida.

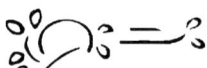

Pouding de la Mère de Whistler
(Budín de la Madre de Whistler)

Clara de 3 huevos
1 taza de mermelada de grosellas rojas
2 tazas de crema de leche espesa
1 cda. de azúcar
1 cda. de agua de rosas
Leche

Bata la crema con el azúcar hasta que esté espesa y suave. Colóquela en un recipiente pando y espárzala en una capa.

Bata las claras de huevo hasta que estén firmes, añadiendo gradualmente la mermelada y el agua de rosas. Escalfe cucharadas de este merengue en un recipiente pando que contenga leche. Deje enfriar y luego sirva sobre el lecho de crema batida.

La versión clásica utiliza las yemas de huevo para hacer una natilla en la cual los merengues rosa flotan semejando nenúfares.

Claude Monet, La Catedral de Rouen (fachada), *1892-1894. En la década de 1880 Monet, quien nunca fue hábil para teorizar, realizó distintas "series" de pinturas sobre una variedad de temas, las cuales propiciaron muchos comentarios. Museo de Finas Artes, Boston, colección Juliana Cheney Edwards.*

Arriba: William Orpen, El cocinero. *"Todos los buenos cocineros beben", proclamó Whistler, quien habiendo recomendado a una cocinera y ama de llaves no muy sobria, admitía: "su cocina era tan buena que posiblemente podría habérsele mostrado mayor indulgencia frente a la que otros, con sus mismas fallas, recibieron...". Un tributo apropiado para su habilidad culinaria y la de muchos de sus amigos. El chef retratado aquí, sin embargo, es un recordatorio de los buenos alimentos que podían disfrutar Lautrec y Maurice Joyant en los clubes y restaurantes de Londres en sus frecuentes visitas a las galerías y comerciantes británicos. Real Academia de Artes, Londres.*

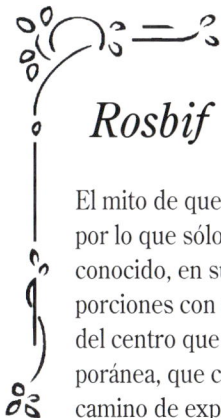

Rosbif

El mito de que no vale la pena asar un trozo pequeño de carne de res, por lo que sólo las grandes familias victorianas pueden haber conocido, en sus almuerzos dominicales, el regocijo absoluto de las porciones con oscuros exteriores plenos de sabor y el tierno rosado del centro que parece derretirse, es algo que la típica familia contemporánea, que consta en promedio de 2,75 miembros, está aún en camino de explorar.

Para cuatro personas tome un trozo de cadera con el hueso, de 2½ a 3 lb (1,25 a 1,5 kg). Sazónelo con ajo o romero (o cualquier cosa que desee utilizar como condimento). Colóquelo sobre un bastidor en una lata y hornee a temperatura alta por 45 minutos. El tiempo de cocción dependerá del comportamiento de su horno, de los gustos de su familia y de la calidad de la carne. Algo es cierto, sólo cuenta con usted y el mejor carnicero que pueda encontrar. Pida su consejo, pague lo justo y no piense en servir un rosbif hasta que pueda encontrar un trozo de carne de primera calidad.

Algunos aconsejan cubrir la carne con harina de castañas y verter un vaso de vino tinto en el recipiente, para enriquecer la salsa.

Claude Monet, Trozo de carne de res, *1864. Museo de Orsay, París.*

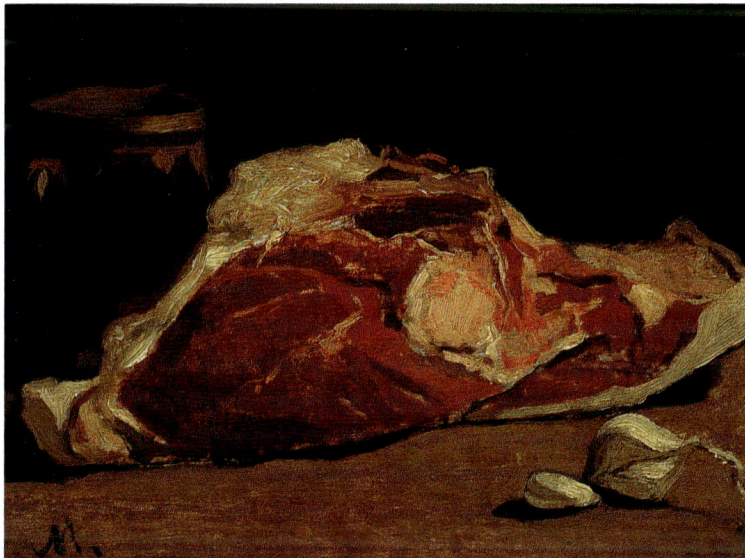

Camille Pisarro, El huerto del Hermitage. *El pésimo uso del repollo en la cocina inglesa nos impide ver el honorable papel que desempeñó en la cocina de Francia. Ligeramente cocido a fuego bajo y aderezado con mantequilla y hierbas, elegidas entre las más aromáticas, o con diversos rellenos, el repollo es uno de los ingredientes principales de la tradicional cocina francesa. Galería Nacional de Escocia, Edimburgo.*

Camille Pissarro
En el huerto de repollos

Chou Farci (Repollo Relleno)

Camille Pissarro (1830–1903) fue el único impresionista que dibujó el paisaje campestre con cierta simpatía por las personas que lo modelaban y vivían en él. Sus huertas eran antiguas parcelas pueblerinas con hierbas para cocinar, flores y vegetales en una profusión más utilitaria que pintoresca. Muy diferente de los cercos macizos de matas, un aspecto característico del citadino, que es la apoteosis del jardín suburbano de Monet. La visión radicalmente política de Pissarro lo hizo preocuparse más por las condiciones de vida de los campesinos que pintaba. Nunca perdonó a Jean-François Millet (1814-1875) por utilizarlos como ingredientes románticos de sus paisajes.

El lacónico Édouard de Pomiane (pág. 47) se dio el lujo de emitir el siguiente fragmento al inicio de su memorable programa radial sobre el repollo:

"La fiesta de Todos los Santos terminó y los velludos crisantemos se marchitan lentamente sobre sus tumbas, iluminados por la caída de los últimos rayos del sol otoñal. Los sombríos puestos del mercado han perdido sus vegetales brillantes, sólo el extraño carmesí de las zanahorias reluce al lado de las enormes formas redondas de los repollos blanco y verde pálido". El invierno a veces tiene sus compensaciones...

Chou Farci
(Repollo Relleno)

1 repollo firme
4 oz (125 g) de jamón cocido
8 oz (250 g) de carne de cerdo
4 oz (125 g) de tocino o *pancetta* (pág. 92)
1 huevo
8 tajadas de tocineta entreverada
8 oz (250 g) de castañas cocidas
4 dientes de ajo, pelados y picados
1 taza de perejil picado
½ taza de migas de pan fresco
½ cdita. de tomillo
Sal y pimienta
Mantequilla
1 vaso de vino blanco seco

Retire las hojas exteriores y blanquee el repollo por 5 minutos, en un recipiente con agua hirviendo; luego sumérjalo en otro que contenga agua fría.

Pique el jamón, la carne de cerdo y la *pancetta*; mezcle con el huevo, castañas, migas de pan, ajo, tomillo y perejil. Sazone con sal y pimienta. Abra las hojas del repollo con cuidado y coloque un poco de la mezcla entre cada una. Vuelva a darle forma y amarre con cordel. Envuelva el repollo con las tiras de tocineta y asegure con más cordel. Colóquelo en un molde profundo para hornear y úntelo con mantequilla. Hornee a temperatura media por 1½ horas o más, rocíelo con vino blanco seco y los jugos de cocción. Si se seca demasiado, cubra con papel aluminio. Córtelo dentro del molde y sirva caliente.

El repollo relleno también puede hervirse en caldo, a fuego bajo. Cuando esté listo, retírelo y espese el caldo con una *beurre manié* (pág.91) para servirla como salsa con el repollo partido.

Camille Pissarro, La vendedora de cerdo. *Pissarro fue uno de los pocos impresionistas que pintó los pasos previos del proceso que culminaba en la mesa. La profusión de productos locales en mercados y huertas —quesos, pâtés, jamones, carnes cocidas y curadas— todavía es una de las glorias de la vida francesa provinciana. Galería Tate, Londres.*

Édouard Vuillard, Madame Vuillard en un interior, *aprox. 1895. La musa de Vuillard en su reino, la cocina. Colección privada.*

Édouard Vuillard
El perfecto invitado
y su musa

Navarin aux Herbes (Navarín Verde)
Les Crêpes Frisées de Tante Jeanette (Panqueques Lacy)

El joven Édouard Vuillard (1868-1940) y su amigo Bonnard siguieron la tradición del *flâneur*, el elegante citadino que frecuentaba pequeños salones y estudios de impresión vanguardistas, cafés y *music halls* de Montmartre, así como los estudios de una nueva generación de artistas y escritores aventureros y cerebrales, los *Nabis* (pág. 91). Esto fue fácil para Bonnard, cuya familia acomodada lo apoyó durante sus estudios de leyes y en su posterior carrera como pintor. Vuillard, con un pasado modesto y descendiente de artesanos, en gran parte dependía del apoyo financiero y del extremado sentido comercial de su madre, modista y corsetera. Ella mantenía la casa y muchas de las pinturas más serenas del artista la muestran cosiendo, o sentada plácidamente al lado de una ventana abierta, dentro de la pacífica baraúnda de un apartamento parisino burgués.

Las horas de la comida revelan un aspecto diferente de la vida familiar de Vuillard, una sensación claustrofóbica de presiones y corrientes encontradas, rígidas obligaciones y envidias reprimidas. Muy distintas de las relajadas comidas al aire libre que Vuillard disfrutaba como invitado de sus amigas Misia y Thadée Natanson, y en las casas de campo de Normandía y los alrededores de París. Los alimentos también deben haber contrastado: los familiares y sanos platos de su madre con los más modernos de la elegante cocina de sus amigos cosmopolitas; de *La legítima cocina familiar* de la Tía Marie a la *Guía culinaria* de Escoffier.

Su hermana, reprimida dentro de la casa materna, se casó con un amigo de Vuillard, el artista Ker-Xavier Roussel. Las posteriores pinturas de escenas familiares con sus hijos nos sugieren una relación más feliz con la formidable y vieja matrona.

Vuillard fue el invitado perfecto, un buen oyente y un acompañante simpático y generoso, tal vez por su capacidad para observar con reserva las diferentes familias a las cuales nunca perteneció.

Édouard Vuillard, La cena, *aprox. 1895. Una comida informal con sus amigos vanguardistas, vajilla blanca y azul a la moda, vino local servido de una jarra y bebido en vasos macizos, todo muy diferente a las sólidas convenciones de clase media de la que provenía Vuillard. Galería de Arte de la Universidad de Yale, New Haven, colección Katharine Ordway.*

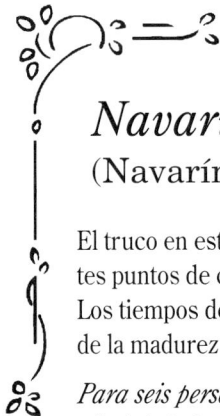

Navarin aux Herbes
(Navarín Verde)

El truco en este plato consiste en añadir los ingredientes en diferentes puntos de cocción, para que estén listos en el mismo momento. Los tiempos de cocción indicados son aproximados porque dependen de la madurez y condición de los vegetales que se escojan.

Para seis personas

2 lb (1 kg) de pernil magro de cordero, cortado en cubos de 1
    pulgada (25 mm)
25 oz (60 g) de tocineta sin ahumar o *pancetta*, cortada en cubos
    (pág. 92)
1 cebolla grande, finamente picada
2 hojas de laurel y una ramita de romero
Ajo al gusto
8 papas tempraneras medianas
2 lb (1 kg) de habas
2 lb (1 kg) de arvejas tiernas
1 taza de perejil picado
1 taza de hierbas frescas picadas, que incluyan menta, perifollo,
    toronjil y albahaca
1 vaso de vino blanco
Harina de trigo y un trozo de mantequilla (pág. 90)
Sal y pimienta

En una cazuela grande, coloque el cordero con la tocineta, cebolla, laurel, romero, ajo, vino y suficiente agua para cubrirlos. No añada demasiada agua al principio, sino pequeñas cantidades durante la cocción, para que cuando todos los ingredientes estén cocidos sólo quede un poco de líquido aromático. Mantenga en ebullición a fuego bajo hasta que la carne esté en tres cuartos de cocción. Agregue las papas y hierva por 10 minutos más. Añada las habas y cocine por otros 5 minutos. Incorpore las arvejas y deje por 10 minutos más. Rectifique la sazón y salpimente al gusto.

    Triture la mantequilla con 1 cucharada de harina y vierta trocitos en la cazuela para espesar los jugos. Agregue las hierbas, revuelva y retire del fuego para que las hierbas frescas no se marchiten.

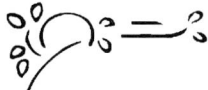

Les Crêpes Frisées de Tante Jeanette
(Panqueques de Encaje)

2 huevos
1 taza de harina de trigo
1 taza de leche
Sal
Azúcar avainillada
Brandy
Aceite de semillas de uva (pág. 90)

Bata los huevos con suficiente harina y leche, hasta obtener una mezcla ligera. Agregue sal al gusto. Deje reposar por 1 hora o más. Bata con un vaso de *brandy*. Engrase ligeramente y caliente una sartén pesada. Vierta un poco de la mezcla hasta formar un círculo sobre el fondo de la sartén, con numerosos agujeros en los bordes que se tostarán a medida que el panqueque se cocina. Voltee o sacuda el recipiente para que el panqueque salte; cocine por el otro lado. Salpique con azúcar y jugo de limón al gusto.

Página anterior: Édouard Vuillard, La ensaladera, *aprox. 1887-1888. Museo de Orsay, París.*

Derecha: Édouard Vuillard, La cena, *aprox. 1899. Museo de Arte de Filadelfia, donación de Henry P. McIlhenny.*

André Dunoyer de Segonzac, Flores y duraznos, *Colección privada.*

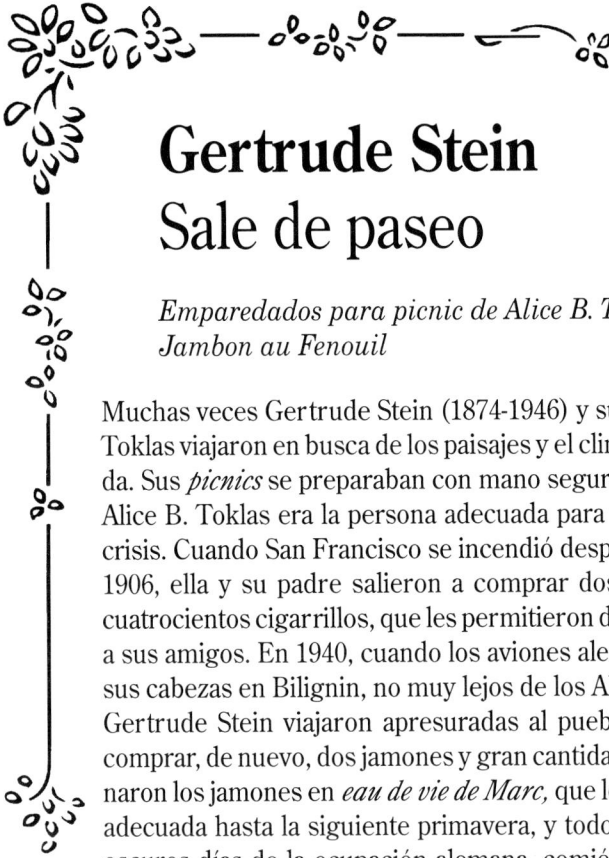

Gertrude Stein
Sale de paseo

Emparedados para picnic de Alice B. Toklas
Jambon au Fenouil

Muchas veces Gertrude Stein (1874-1946) y su compañera Alice B. Toklas viajaron en busca de los paisajes y el clima; otras, por la comida. Sus *picnics* se preparaban con mano segura.

Alice B. Toklas era la persona adecuada para tener a mano en una crisis. Cuando San Francisco se incendió después del terremoto de 1906, ella y su padre salieron a comprar dos grandes jamones y cuatrocientos cigarrillos, que les permitieron dispensar hospitalidad a sus amigos. En 1940, cuando los aviones alemanes volaban sobre sus cabezas en Bilignin, no muy lejos de los Alpes Franceses, ella y Gertrude Stein viajaron apresuradas al pueblo más cercano para comprar, de nuevo, dos jamones y gran cantidad de cigarrillos. Cocinaron los jamones en *eau de vie de Marc,* que los conservó en forma adecuada hasta la siguiente primavera, y todos sobrevivieron a los oscuros días de la ocupación alemana, comiéndolos con vegetales del surtido huerto de Alice B. Toklas.

En la actualidad, el placer de cocinar un gran jamón puede llevar a la desesperación, cuando están a la vista innumerables ensaladas con jamón frío. Ésta es una manera de utilizar las tajadas de jamón en un plato elegante en el cual la suavidad del hinojo y el queso complementan su delicioso sabor salado.

Emparedados para picnic de Alice B. Toklas

1 taza de rosbif poco cocido, picado
1 cdita. de mostaza en polvo
1 cdita. de chalote picado
1 cda. de tomate, marinado secado al sol, picado
1 cda. de *crème fraîche* (pág. 90)
1 cda. de perejil picado
Sal y pimienta

Mezcle todos los ingredientes y utilice para preparar emparedados o rellenar rollitos crujientes.

Édouard Manet, El jamón, *aprox. 1875-1878. Colleccion Burrell, Glasgow.*

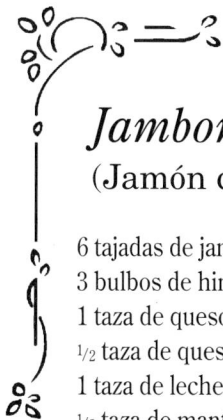

Jambon au Fenouil
(Jamón con Hinojo)

6 tajadas de jamón cocido
3 bulbos de hinojo
1 taza de queso *Gruyère* rallado
$1/2$ taza de queso Parmesano rallado
1 taza de leche
$1/2$ taza de mantequilla
1 cda. de harina de trigo (pág. 91)
Sal, pimienta y nuez moscada
Algunas semillas de hinojo

Recorte el hinojo y reserve las hojas. Corte cada bulbo en mitades y cocínelos en agua hirviendo con las semillas de hinojo, a temperatura baja, hasta que estén tiernos. Reserve el líquido de cocción para la salsa.

Derrita la mantequilla y cocine la harina durante unos minutos. Revuelva con el líquido de cocción reservado y la leche, hasta obtener una salsa suave. Agregue la mitad de los quesos Parmesano y *Gruyère*.

Sazone cada trozo de hinojo con pimienta negra recién molida, nuez moscada y el Parmesano restante. Enrolle cada trozo en una tajada de jamón y colóquelos en un recipiente para hornear. Cubra con la salsa. Distribuya encima trozos de mantequilla y espolvoree con el *Gruyère* restante. Hornee hasta que estén calientes. Sirva decorado con las hojas de hinojo.

Glosario y notas

Aceite: generalmente significa aceite de oliva. El extra virgen, con su amplia variedad de sabores y aromas, es bueno para ensaladas y platos en los cuales debe seleccionarse un determinado tipo de aceite para resaltar el sabor de los vegetales crudos o cocidos. Utilizarlo para freír o para otras recetas donde los sabores más pesados predominan, es un desperdicio. En vez del aceite de oliva, puede utilizar el de semillas de uva, que habitualmente no tiene sabor.

Baño maría: las estufas de las cocinas antiguas tenían un compartimiento para mantener agua caliente, en el cual se podían sumergir los recipientes, para madurar lentamente las salsas y cocinar las frágiles natillas y cremas. En la actualidad se utiliza un recipiente doble para hervir, o uno colocado sobre otro que contiene agua caliente. Cuando prepare salsas difíciles como la Holandesa o *Beurre Blanc,* es útil tener una vasija con agua para enfriar el recipiente si éste se calienta demasiado y se forman grumos.

Crème fraîche: es una crema espesa ligeramente fermentada con un sabor fuerte que no tienen las cremas pasteurizadas.

Croûtons: son pequeños cubos de pan, fritos en aceite o mantequilla, grasa de pato o de ganso, con ajos si se desea. Sirven para dar textura y mayor sabor a platos muy suaves o blandos.

Flâneur: no es un flan ni una tarta, sino el nombre dado a un encantador y sofisticado hombre de ciudad, que personificó, en la literatura y el arte, al observador objetivo, inteligente y desapasionado de la vida de París, ya sea paseando elegantemente por los bulevares o sentado, solitario e irónico, en los bares de moda o en los cafés de la acera.

Grasa: de las características de las distintas cocinas regionales de Francia depende el tipo de grasa (mantequilla y crema, manteca de cerdo, grasa de pato o de ganso, o aceite) que se usa en las auténticas recetas tradicionales, pero adaptadas por razones de salud. El aceite de oliva se usa hoy mucho por ser el más benéfico, pero las grasas de ganso y de pato están renaciendo en la actualidad.

Harina: debe tenerse en cuenta en las salsas. Puede producir un resultado gomoso, y pesado, si no se madura al baño maría o a temperaturas muy bajas. La alternativa (una drástica reducción del líquido de cocción) también puede resultar desagradable. *Beurre manié*, es harina mezclada con mantequilla que se agrega al final de la cocción de un estofado o cazuela, en los cuales los jugos se han reducido lentamente para dar un acabado brillante y suave a la salsa. Las migas de pan son una alternativa agradable (véase abajo). Las harinas de papa o arroz también pueden utilizarse como sustituto de la de trigo.

Jugo de naranja amarga o de Sevilla: es más ácido y con mayor sabor que el de naranja dulce. Unas cuantas gotas en la ensalada son, a veces, más apropiadas que el vinagre de vino, o pueden añadirse a éste. Un poco de cáscara rallada es un buen condimento para estofados, cocidos lentamente.

Nabi: es la palabra hebrea para profeta, un nombre adoptado por el grupo de jóvenes artistas fundado en 1888, que incluía a Vuillard, Bonnard y Maurice Denis, quienes exploraron los nuevos desarrollos del diseño gráfico y las teorías artísticas, trabajaron en teatro y en decoración de interiores, y se deleitaron con las superficies ricamente trabajadas y con las composiciones asimétricas.

Pan: el que se utiliza en cocina ha de ser de buena calidad. En Francia, como en otros países, es ya difícil de encontrar. La *ciabatta* al estilo italiano es mejor que las insípidas *baguettes*. Las migas de pan para cocinar pueden prepararse en casa con pan fresco o viejo, molido en la licuadora. El antiguo uso del pan para espesar salsas y estofados está reviviendo en la actualidad, ya que da mejor sabor y textura que los ingredientes para espesar con harina, mal utilizados. La versión de la Sopa Bonne Femme utiliza pan, cocido con los vegetales hasta que esté suave y esponjado antes de licuarlos. El sabor y la textura son muy buenos.

Polenta: sémola, harina de maíz con diferentes tipos de molido, que se hierve con agua (sin dejar de revolver) y sirve como buen acompañamiento para carnes rojas y pollo. Si se agrega mantequilla y queso produce un plato nutritivo que puede servir solo o con salsa de tomate.

Praliné: es una mezcla de almendras tostadas con azúcar carame-
lizado, generalmente triturada o pulverizada, que se utiliza para dar
sabor a los bizcochos y postres.

Sformata: es la versión italiana de un *soufflé*, que se prepara sin
batir las claras de huevo por separado. Vegetales precocidos se mez-
clan con salsa *béchamel* o migas de pan, queso, huevos y condimentos y luego se hornean en un molde o lata. La versión francesa de
este plato, a veces sin huevos, se conoce como *tian*.

Tocineta: la que se pide en muchas recetas debe ser dura, salada
seca, y *no tocino* (grasa blanca del cerdo curada en agua), que se
consigue más fácilmente. La *pancetta* (tiras de tocineta veteada, no
la *pancetta* enrollada al estilo *salami)* que se compra en los comercios
italianos, es ideal. Para estofados de cocción lenta y cazuelas, los
cueros se deben dejar porque dan calidad y sabor particular a la
salsa.

Vinagre balsámico: es un vinagre aromático que se consigue fácilmente en el área de Módena, Italia. Las versiones comerciales son
diferentes del producto artesanal —un condimento muy caro pero
de exquisito sabor, casi un jarabe— y es lamentable que compartan
el mismo nombre.

Nota sobre cantidades: las equivalencias métricas deben calcu-
larse por el siguiente número entero, ajustando hacia arriba o hacia
abajo para adaptarlas a la naturaleza de la receta (no debe olvidarse
que muchos cocineros domésticos prefieren utilizar sus propias medidas "al ojo"). Las tazas, usadas proporcionalmente, servirán como
guía de acuerdo con las medidas inglesas o americanas, dentro del
contexto de cada receta.

Cocinar un ingrediente "hasta que esté tierno" depende mucho del
tamaño y tipo del vegetal, pollo o corte de carne que se use, por lo
que se han obviado instrucciones precisas en aquellos puntos donde no se necesitan.

Agradecimientos

Mi más cálido agradecimiento para mi editora, Treld Pelkey Bicknell, por su entusiasmo y conocimientos; y a su asistente, Lucinda Pearce-Higgins, por su paciencia y perseverancia en la investigación pictórica. Gracias especialmente a Maggie Black, cuya pericia y experta opinión fueron de invaluable valor.

Las siguientes personas también ayudaron de muchas maneras, con sus consejos, información y apoyo: John Bartlett, Neville Binet, James Mosley, Carol y Robbie Robson, Alex Saunderson, Joan Stanton, Alexander Sturgis y Tessa Trethowan de Christie's Images. También agradezco a Glynn Pickerill y The R & B Partnership por prestarnos a sus expertos.

Ilustraciones

El autor y el editor desean agradecer a las siguientes personas por permitir la reproducción de material con derechos de autor: Christie's Images por las cubiertas frontal y posterior y por las páginas 28-29, 37, 49, 61, 78 y 86; Museo de Orsay (© R.M.N.) por las ilustraciones de las páginas 2, 8, 10, 66, 73, y 82-83; Instituto de Arte de Chicago (Photograph © 1993 con todos los derechos reservados) por las ilustraciones de las páginas 20 y 42 (Colección Sr. y Sra. Potter Palmer); Colección Burrell (© Glasgow Museums) por las ilustraciones de las páginas 27 y 88; la ilustración de la página 68 se reproduce por cortesía del Museo de Arte Fogg, Museos de Arte de la Universidad de Harvard (donación de los amigos del Museo de Arte Fogg; Fundación Colección E. G. Bührle, Zurich, por página 45; Museo Petit Palais, París, por página 32 (fotografía Giraudon) y por página 35 (Museos de la Ville de Paris, © por S.P.A.D.E.M.); Museo de Arte Metropolitano Nueva York, por página 26; Museo de Artes de Mineápolis por página 41 (cedida por Anne Pierce Rogers en memoria de John DeCoster Rogers); Museo de Bellas Artes, Nancy (G. Mangin) por página 65; Museo de Picardía, Amiens (Claude Gheerbrant), por página 58; Museo Toulouse-Lautrec, Albi, por página 50; Galería Nacional de Arte, Washington D.C., por página 24; Galería Nacional de Escocia (Antonia Reeve) por página 74; Museo Nacional, Estocolmo por página 19; Museo de Arte de Filadelfia, por página 85; Colección Phillips ©, Washington D.C., por página 16; Academia Real de Artes, Londres, por página 72; Museo Shelburne, Vermont, por página 30; Galería del Instituto Estatal de Arte (pinacoteca) por página 38; Galería Tate, Londres, por las ilustraciones de las páginas 62 y 77;Museo Wallraf-Richartz, Colonia (archivo fotográfico de Renania) por página 31; Galería de Arte Walters, Baltimore, por página 22; Galería de Arte de la Universidad de Yale (Colección de Katherine Ordway), por página 80; las ilustraciones de las páginas 12 y 15 se reproducen por cortesía de la administración de la Galería Nacional, Londres; la ilustración de la página 55 proviene de *The Art of Cuisine* (Alex Saunderson), por cortesía de la Biblioteca Nacional, París; las ilustraciones de las páginas 46 y 57 son cortesía de Terra Museum de Arte Americano, Chicago (Colección Daniel J. Terra © todos los derechos reservados. Jerry Kobylecky, fotógrafo); la ilustración de la página 71 es una cortesía del Museo de Finas Artes, Boston. El índice fue preparado por Atlantic Union.

Bibliografía

BECK, Simone; BERTHOLLE, Louisette; CHILD, Julia. *Mastering the Art of French Cooking.* Londres. 1963.

DAVID, Elizabeth. *French Provincial Cooking.* Londres. 1961.

FISCHER, M.F.K. *The Art of Eating.* Nueva York. 1976.

GRIGSON, Jane. *Charcuterie and French Pork Cookery.* Londres. 1967.

HACKFORTH-JONES, Jocelyn. *À Table avec les Impressionistes.* París. 1991.

HERBERT, Robert L. *Impresionism, Art, Leisure and Parisian Society.* Londres. 1988.

HIGGONET, Anne. *Berthe Morisot.* Londres. 1990.

HIGGONET, Anne. *Berthe Morisot's Images of Women.* Cambridge Mass. Londres. 1992.

HOLT. Geraldene. *French Country Kitchen.* Londres, 1987.

JOYANT, Maurice, Toulouse-Lautrec, Henri de. *The Art of Cuisine.* Londres. 1966.

JOYES, Claire. *Les Carnets de Cuisine de Monet.* París. 1989.

LA MAZILLE. *La Bonne Cuisine du Périgord.* París. 1929.

MACDONALD, Margaret. *Whistler's Mother's Cook Book.* Londres. 1979.

OLNEY, Richard. *Simple French Food.* Londres. 1984.

POMIANE, Édouard de. *Radio Cuisine.* París. 1933.

REBOUL, J. B. *La Cuisinière Provençale*, Marsella.

ROUART, Denis. *Correspondance de Berthe Morisot avec sa Famille et ses Amis.* París. 1950.

"TANTE MARIE". *La veritable Cuisine de Famille.*

TOKLAS, Alice B. *The Alice B. Toklas Cook Book.* Londres. 1961.

WILLAN, Anne. *French Regional Cooking.* Londres. 1981.

WOLFERT, Paula. *The Cooking of South West France.* Londres. 1987.

Índice

Los números en itálicas se refieren a las ilustraciones.